MARTIN WEIN

Zirkus zwischen Kunst und Kader

Zeitgeschichtliche Forschungen

Band 11

Zirkus zwischen Kunst und Kader

Privates Zirkuswesen in der SBZ / DDR

Von

Martin Wein

Duncker & Humblot · Berlin

Gedruckt mit Unterstützung der Gerd-Möller-Stiftung, Wilhelmshaven

Die Deutsche Bibliothek – CIP-Einheitsaufnahme

Wein, Martin:
Zirkus zwischen Kunst und Kader : privates Zirkuswesen
in der SBZ / DDR / Martin Wein. – Berlin :
Duncker und Humblot, 2001
   (Zeitgeschichtliche Forschungen ; Bd. 11)
   ISBN 3-428-10487-0

Umschlagfoto: Straßenparade des Circus Frankello
in Grimma zwischen 1956 und 1957.
(Foto: Manfred Pippig)

Fremddatenübernahme: Klaus-Dieter Voigt, Berlin
Druck: Berliner Buchdruckerei Union GmbH, Berlin
Printed in Germany

ISSN 1438-2326
ISBN 3-428-10487-0

Gedruckt auf alterungsbeständigem (säurefreiem) Papier
entsprechend ISO 9706 ∞

Danksagung

Ohne die freundliche, bisweilen begeisterte Unterstützung vieler Zirkus-Freunde wäre die vorliegende Arbeit wohl nie möglich geworden. Mit Sicherheit hätte ich mich im Gewirr aus Zelten, Masten und Wagen, Namen, Daten und Zusammenhängen total verlaufen. Mein Dank gilt daher allen, die mit ihrer Unterstützung meine Arbeit ermöglicht haben. Genannt seien vor allem Gisela und Dietmar Winkler, die mir ihr umfängliches Archiv zur Verfügung stellten, sowie Jonny Markschiess-van Trix und Bert Hellmund, die für mich ihre Adreßbücher und Unterlagen durchforsteten. Mein Dank gilt ebenso Anne-Kathrin Kalb vom „Ersten Deutschen Circus Museum" in Preetz, die mir ein halbes Wochenende opferte, Peter Müller in Oldenburg und Klaus Hallmann in Waldkraiburg, der mich mit vielen hilfreichen Zeitzeugen-Informationen versorgte. Natürlich danke ich auch allen übrigen Interview-Partnern, die mich fast immer freundlich empfingen und zum Teil viel Geduld mit mir hatten: Allen voran Monika und Rudolf Probst in Staßfurt, Rudi Sperlich vom Circus Hein in Meltendorf, Mario Müller-Milano in Dresden, Edmund Frank unterwegs in Potsdam, der Dompteuse Regina Moschek in Berlin, außerdem dem Zirkustierarzt Dr. Armin Kuntze in Berlin und Familie Krämer vom Varieté Circus Rolandos in Herzberg. Wie sich gezeigt hat, ist diese herzliche Aufgeschlossenheit nicht selbstverständlich, wollen doch viele, die über eigene Erinnerungen verfügen, von der Vergangenheit, die auch ihre eigene ist, lieber nichts wissen.

Fachlich beraten haben mich Prof. Peter Brandt und Dr. Wolfgang Kruse. Unterstützt haben mich im Rahmen ihrer Möglichkeiten auch die Mitarbeiter der zahlreichen beteiligten Archive, besonders Frau Marschall-Reiser im Bundesarchiv in Berlin. Einige Archivare waren selbst erstaunt, welch „exotisches" Material sich in ihren Beständen fand.

Nicht zuletzt gilt mein Dank der Zirkus-Familie Frank-Frankello, die mir einen intensiven Einblick in das Zirkus-Leben mit seinen speziellen Bedingungen vermittelte und für diese Arbeit den Anstoß gab.

Für die großzügige finanzielle Unterstützung gebührt mein besonderer Dank der Gerd-Möller-Stiftung, Wilhelmshaven.

Martin Wein

Inhaltsverzeichnis

I.   **Einleitung:** Zirkushistorie – Spezialgeschichte mit Verweischarakter   9

II.   **Alles nach Plan** – Der Staatssozialismus greift nach Wirtschaft und Kultur   20

III.   **Manegenzauber unter Hammer und Sichel** – Die sozialistische Durchdringung der Zirkuskunst   31
     1. Die wilden Jahre: Trümmer-Zirkus, so gut es geht   31
     2. Der Staat übernimmt das Kommando: Verrechtlichte Lenkung des Spielbetriebs   39
     3. Zirkusvergnügen von Staats wegen: Zentralisierung nach Sowjetart   50

IV.   **Zirkus zwischen Kunst und Kader** – Fallbeispiele wesentlicher Lizenzunternehmen   60
     1. Die Begehrten weckten Begehrlichkeiten: Circusse Barlay, Busch und Aeros   60
     2. Wegen Erfolg geschlossen: Circusse Schickler, Baruk und Frankello . . .   78
     3. Ein Probst im Sozialismus: Zirkus Probst   92
     4. Klein, aber nicht klein zu kriegen: Circusse Milano und Hein 106

V.   **Der Staat endete nicht am Chapiteau** – Zusammenfassung und Fazit . . . 121

VI.   **Anhang** 127
     1. Quellenverzeichnis 127
     2. Literaturverzeichnis 133
     3. Bildnachweis 136

VII.   **Namenverzeichnis** 137

I. Einleitung

Zirkushistorie – Spezialgeschichte
mit Verweischarakter

„Wer sind, sag mir, die Fahrenden, diese ein wenig Flüchtigeren noch als wir selbst."

Rainer Maria Rilke

„Die kamen mit zwei, drei Autos zur Programmabnahme, diese Spitzbuben. Das vergesse ich nie. Der Generaldirektor Otto Netzker hat sich selbstgefällig in die Loge plaziert. Dem habe ich gleich eine flotte Maus dazu gesetzt, das war sein erstes großes Erlebnis.

Nun hatten wir eine Darbietung im Zentralkäfig, der nach oben noch nicht mit Netzen gesichert war. Der Löwe ist auf eine Kuh gesprungen, von da auf einer Schräge zum Käfigrand gelaufen. Da hat er sich mit dem Oberkörper über die Gitter gelehnt und den Netzker angebrüllt. Das war sein zweites großes Erlebnis.

Dann haben sie es verboten. Ich habe gesagt, welche Tricks gemacht werden, bestimme ich. Wenn die Leistung nicht gut ist, oder etwas nicht ankommt beim Publikum, fliegt der Trick raus. ‚Und wenn er nun runterspringt?' hat der Netzker gestottert. Ich sagte: ‚Was ist, wenn er dich auffrißt, geht dann die Welt unter?'

Ich glaube nicht, daß ein Löwe von mir diese Leute gefressen hätte; die waren sehr verwöhnt. (...) Ist ja auch gar nicht gut, wenn ein Raubtier so fett wird."[1]

Unabhängig von den Fleischpräferenzen privatwirtschaftlich reisender Dressurlöwen – diese Auseinandersetzung zwischen dem privaten Zirkusdirektor und dem weisungsbefugten Generaldirektor des VEB Zentralzirkus illustriert anschaulich das gespannte Verhältnis zwischen den Staatsorganen der DDR und den privaten Lizenz-Zirkussen[2]. Die Tatsache, daß bis zur Wende private Zirkusunternehmen die DDR bereisten, darf nicht den

---

[1] Probst, Rudolf, Staßfurt im Interview am 25.1.1999.

[2] In der Arbeit wurde die im Duden übliche Schreibweise des Wortes „Zirkus" mit dem eingedeutschten „Z" und „k" verwendet, es sei denn, das Wort wird als Bestandteil eines Namens von einzelnen Unternehmen gebraucht, die die lateinische Form verwenden.

Schluß nahelegen, diese seien vom Aufbau des Sozialismus nicht tangiert worden. Obwohl bei den Zirkusbetrieben der DDR direkte Enteignungen, vergleichbar etwa denen in der Landwirtschaft bis 1949, schwer nachzuweisen sind, heißt das keineswegs, daß es keine unrechtmäßigen staatlichen Eingriffe gegeben hätte. Es käme einer Umkehrung historischer Verhältnisse gleich, die Entwicklungen der Zirkusse in der DDR allein mit den Interessen und persönlichen Motiven ihrer Betreiber zu begründen. Die Zirkusbesitzer befanden sich spätestens seit Gründung der DDR gegenüber Partei und Staat eindeutig in der Defensive. Sie konnten auf staatliche Repressionen nur reagieren oder versuchen, sich bevorstehenden Maßnahmen zu ihrem Nachteil durch rechtzeitiges Handeln zu entziehen. Da einigen das aufgrund der besonderen Arbeits- und Lebensweise der Schausteller tatsächlich gelang, entgingen sie einer möglichen verschleierten Enteignung.

Aus heutiger Perspektive läßt sich schwer belegen, in welchen konkreten Fällen es ansonsten vermutlich zu staatlichen Eingriffen gekommen wäre. Die Tendenzen gesellschaftlicher, wirtschaftlicher und kultureller Entwicklung in der DDR sind jedoch nicht nur aus rückschauender Perspektive klar erkennbar, sondern waren den Betroffenen voll bewußt, und sie begründeten wesentlich ihr Handeln.

Wie Erhard Neubert konstatiert, zielte die SED-Politik auf die perfekte Kontrolle, auf die Aufhebung aller nichtkommunistischen Potentiale des sozialen, kulturellen und geistigen Lebens, so sich diese nicht für kommunistische Zwecke instrumentalisieren ließen. Die Utopie habe einer konkreten Fassung bedurft, die nur in der Negation des westlichen bürgerlichen Kapitalismus und seiner Traditionen Gestalt gewonnen habe.[3] In ihrem Arbeitsprogramm formulierte die sich konstituierende Fachkommission Artistik im Zentralvorstand der Gewerkschaft Kunst 1951 entsprechend: „Aus diesem Grunde stellen sich die Mitglieder der Fachkommission Artistik die Aufgabe, den entschiedenen Kampf gegen die zersetzenden Einflüsse der amerikanischen Unkultur zu führen. Durch die Artistik der Volkskunst muß eine ständige Aufklärung gegen die Bestrebungen der monopolistischen Kriegstreiber, einen Weltkrieg zu entfachen, erzielt werden."[4]

Totale Kontrolle beinhaltete vor allem auch die Beseitigung möglicher Rückzugsnischen, Widerstandsnester oder öffentlich vorgelebter Beispiele einer unerwünschten Gegenkultur. Bei den Zirkussen machte die DDR in dieser Hinsicht keine Ausnahme, galten doch die Fahrenden mit ihrem oft

---

[3] Neubert, Ehrhart, Politische Verbrechen in der DDR, in: Courtois/2Werth/Panné/Paczkowski/Bartosek/Margolin, Das Schwarzbuch des Kommunismus, München 1998, S. 844.

[4] Arbeitsprogramm der Fachkommission Artistik vom 29.8.1951, BArch, DDR 1, 6052.

schillernden Lebenswandel fast als Verkörperung einer unangepaßten Gegenkultur.

Zwar handelte es sich bei den Schaustellern quantitativ gesehen um einen
verschwindend geringen Teil der Bevölkerung. Die anhaltende kulturelle
Unterversorgung außerhalb der großen Städte ließ den Zirkus jedoch eine
herausgehobene Stellung im Veranstaltungskalender vieler Städte und Gemeinden einnehmen, von der Unternehmen in der Bundesrepublik zur gleichen Zeit nur träumen konnten. Zudem machte die weitgehend unpolitische
Artistik den Zirkus für alle Kreise der Bevölkerung überaus attraktiv. So
lagen allein die Besucherzahlen der drei großen, zu dieser Zeit bereits verstaatlichten Unternehmen Barlay, Busch und Aeros in den 50er Jahren weit
über denen aller Theater in der DDR.[5] Ein Phänomen, das schon seit den
20er Jahren erkennbar war. Der Regisseur Max Reinhardt (1873–1943)
kommentierte mit Bewunderung: „Wir Theaterleute holen Publikum in
unsere Häuser, der Zirkus hat das ganze Volk."[6]

Eben aufgrund dieser Resonanz war im Zirkussektor, vor allem zu
Beginn, ein behutsames Vorgehen erforderlich, um sowohl die Bevölkerung, als auch die Betroffenen möglichst wenig zu beunruhigen. Dennoch
läßt sich bereits in den 50er Jahren eine konsequente und weitgehend
bewußt umgesetzte Tendenz zunehmender Zentralisierung und Kontrolle
nachweisen, die aus den selbständig gesellschaftliche Entwicklungen inter-
pretierenden und darauf reagierenden Zirkusschaffenden Ausführende einer
nach sozialistischer Planwirtschaft organisierten Zirkus-Kunst machte. Bei
genereller Anerkennung artistischer Leistungen versuchte der Staat, die ihm
suspekte, schwer zu überwachende Lebens- und Arbeitsweise privater
Schausteller konsequent zu verdrängen und die wertneutrale Zirkuskunst
der sozialistischen Ideologie weitest möglich dienstbar zu machen. Eine
Entwicklung, der sich Betroffene praktisch nur durch Emigration unter Zurücklassung beträchtlicher Teile ihres Eigentums zu entziehen vermochten.
Viele machten von dieser Möglichkeit Gebrauch.

Als mit der Lizenzordnung für private Zirkusse vom 7.2.1958 und der
Gründung des VEB Zentralzirkus zum 1.1.1960 diese erste Phase in der
Zirkusentwicklung der DDR zu ihrem Abschluß kam, war die Gruppe der
Privatzirkusse bereits deutlich zusammengeschmolzen. Die 60er und 70er
Jahre waren bestimmt von einer schleichenden Ausdünnung der privaten
Zirkuslandschaft, wobei man bemüht war, diese nicht mittels direkter Ein-
griffe zu erwirken. Vielmehr wurde eine Zermürbungsstrategie betrieben,
die zu unauffälligen, scheinbar selbstgewählten Aufgaben aus Altersgrün-

---

[5] Bommer, Hans-Herbert, Manegenzauber in rotem Licht, in einer Publikation
des Instituts für gesamtdeutsche Fragen, Bonn 1960.
[6] Max Reinhardt, zit. nach „Artistik" Nr. 10/58 S. 5.

den führen sollte, was in vielen Fällen tatsächlich gelang. Dabei ist zu bedenken, daß grundsätzlich keine neuen Lizenzen etwa an Angehörige erteilt wurden. Mangels fehlender Ausweichmöglichkeiten paßten sich die verbliebenen Unternehmen den Bedingungen zwangsläufig an, in der Gewißheit, daß auch weiterhin jeder triftige Grund genutzt wurde, Unternehmen zur Aufgabe zu veranlassen. Man kann von der Einhegung einer kleinen Gruppe privater Zirkusbetreiber im Staatssozialismus sprechen. Es kam zu einem allerdings labilen Arrangement zu beiderseitigem Nutzen, das auf Seiten der Zirkusse allein auf dem Zwang zur totalen Unterordnung begründet war. Jeder Expansionsmöglichkeit beraubt, führten die Lizenz-Zirkusse ein Nischendasein in der DDR-Kultur. Diese Duldung resultiert teilweise aus den differierenden Interessen und Vorgehensweisen der verschiedenen administrativen Ebenen im Staatsapparat. Während auf zentraler Ebene ein Kurs schleichender Verdrängung praktiziert wurde, finden sich auf kommunaler Ebene diverse Hinweise auf wohlwollende Unterstützung der privaten Zirkusse im Rahmen der allerdings recht beschränkten Möglichkeiten. Wie zu zeigen sein wird, gingen direkte wie indirekte Eingriffe in die Handlungsfreiheit der Zirkusse sowohl auf wirtschaftlichem und organisatorischem als auch auf künstlerischem Gebiet dennoch so weit, daß von freiem Unternehmertum nur noch in eingeschränkter Hinsicht gesprochen werden kann.

Aufgrund dieser Integration durch strikte Reglementierung muß die scheinbar gegenläufige Entwicklung der 80er Jahre in ihrer Bedeutung relativiert werden. Nachdem nur noch ein Lizenz-Zirkus reiste, kam es im letzten Jahrzehnt der DDR-Geschichte zur Erteilung vereinzelter neuer Lizenzen. Damit wurden falsche, dogmatisch inspirierte Weichenstellungen korrigiert. Man hatte nach schmerzlichen Erfahrungen erkannt, daß der ländliche Raum nur von privaten Familienzirkussen bespielt werden konnte, da sich Kleinzirkusse nicht als Staatsbetriebe organisieren ließen. Von einer generell veränderten Einstellung des Staates gegenüber privaten Zirkussen zu sprechen, wäre jedoch überzogen. Auch wenn sich Tendenzen einer vorsichtigen Liberalisierung im Angesicht der wirtschaftlichen Krise und internationalen Entspannung hier ausgewirkt haben mögen, waren die neuen Lizenzen gewissermaßen aus der Not geboren. Private Zirkusse blieben den Funktionären von Partei und Staat weitgehend suspekt, wurden aber jetzt toleriert, da sie nach dem Prinzip „panem et circenses" das System zu stützen schienen.

Den Versuch, Zirkus-Geschichte als einen Teil der Sozialgeschichte zu schreiben, haben Historiker bis heute nicht ansatzweise gemacht, vermutlich einfach deshalb, weil die spezifische Thematik dem Blickfeld allgemeiner historischer Forschung weitgehend entzogen ist. Die Verflechtung privatwirtschaftlicher und kultureller Aspekte, die in kaum einem anderen Bereich der Kultur so ausgeprägt war, läßt die Zirkusse der DDR zu einem Spiegel gesamtgesellschaftlicher Entwicklungen werden. Waren Bühne, Film, Rundfunk oder Museen bereits vor 1945, teilweise selbst vor 1933, durch staatliche Trägerschaft oder administrative Beeinflussung in ihren Strukturen, unter den Nationalsozialisten auch in ihren Inhalten, bereits weitgehend geprägt worden, so hatte sich der Zirkus in seinen Strukturen und Darstellungsformen bis 1945, von eher kosmetischen Anpassungen abgesehen, nahezu autonom entwickelt und selbständig auf gesellschaftliche Veränderungen reagiert. Fand in den erstgenannten Fällen nur eine ideologische Umwidmung vorhandener Einflußwege statt, tritt das neu entstandene, an sozialistischen Prinzipien orientierte und mit Gründung der DDR zunehmend spürbare gouvernementale Regelungs- und Entscheidungsbedürfnis der Behörden in diesem Bereich besonders kraß hervor.

Auch wenn die Zirkushistorie in mancher Hinsicht eigene Wege ging, besitzt diese Spezialgeschichte damit großen Symbolwert für die Geschichte der DDR insgesamt. Sie illustriert anschaulich gesellschaftliche Entwicklungen, die weit über den Manegenrand hinaus von historischem Interesse sind. Der ausgeprägte Verweischarakter steht damit dem möglichen Vorwurf einer historischen Erbsenzählerei aus Liebhaberinteressen entgegen.

Völlig unvorbereitet und ebenso unbeabsichtigt stolperte ich selbst im Juni 1998 gewissermaßen über diese ausgefallene Thematik, als ich im Rahmen meiner journalistischen Routinearbeit das Zirkuszelt der Familie Frank-Frankello betrat. Ende 1957 war der heutige Besitzer Edmund Frank, damals achtjährig, mit seiner Großfamilie vor der drohenden Enteignung in einer Hals-über-Kopf-Aktion aus der DDR geflohen. Das erfuhr ich neben verschiedenen anderen mich frappierenden „Räuberpistolen", die mir ohne Dramatik und besonderes Pathos serviert wurden. An das Bekenntnis von Roncalli-Chef Bernhard Paul denkend – Zirkus sei wie Politik, nirgendwo werde soviel gelogen[7] – suchte ich in hartnäckigen Recherchen, die scheinbar haarsträubenden Berichte zu relativieren. Aber eben die unglaublichsten Geschichten erwiesen sich als wahr, während eher der Alltagswelt verhaftete Details oftmals nur unter größten Mühen zu ermitteln waren.

Diese Einsicht gab den Anstoß, mit dieser Arbeit die Perspektive vom Einzelfall auf die gesamte Gruppe der privaten Zirkusse zu erweitern.

Als Hauptproblem erwies sich, daß sich in keinem Museum oder Archiv eine zusammenhängende Überlieferung zu den Privatzirkussen der DDR fand, die über Werbedrucksachen hinausging. Die Bestände des Kulturministeriums, in dem alle Fäden zusammenliefen, was einen einheitlichen Aus-

---

[7] Vgl. Grosscurth, Helmut, Podiumsdiskussion in Neuss: „Die Situation ist ernster denn je" Circus Zeitung, Dormagen Nr. 5/98, S. 19.

gangspunkt ergeben hätte, liegen im Bundesarchiv in Berlin. Dieser Bestand ist jedoch nicht erschlossen und damit auf absehbare Zeit nicht zugänglich. Gleiches gilt für die Akten des VEB Zentralzirkus, der ab 1960 Lenkungsaufgaben gegenüber den privaten Zirkussen übernahm.

Über eine Anzeige in der Circus-Zeitung, dem Vereinsorgan der „Deutschen Gesellschaft der Circusfreunde", suchte ich daher Kontakt zu Sammlern und Zeitzeugen. Es folgten von Januar bis März 1999 insgesamt vier teils längere Reisen durch das gesamte Bundesgebiet, bei denen ich mit meinem Anliegen innerhalb der Szene zumeist freundlich weitergereicht wurde. Erste Fundorte waren die umfängliche Privatsammlung von Dietmar Winkler in Berlin und diejenige des verstorbenen Journalisten Friedel Zscharschuch, die im „Ersten Deutschen Circus-Museum" in Preetz bei Kiel verwahrt wird. Viele der von beiden gesammelten Zeitungsberichte sind nur ungenügend bibliographisch erfaßt. Mangels Alternativen wurde in Einzelfällen dennoch darauf zurückgegriffen.

Über die zu behandelnden Vorgänge in der DDR vermögen veröffentlichte Quellen ohnehin kaum Aufschluß zu geben, da die Absichten und Methoden der DDR-Administration in den seltensten Fällen wahrheitsgemäß bzw. in ausreichender inhaltlicher Tiefe in der DDR-Öffentlichkeit thematisiert wurden. Dokumente, die über das Verhältnis der privaten Zirkusse und staatlichen Instanzen hätten Auskunft geben können, fanden sich in den Privatarchiven verständlicherweise kaum. Deshalb wurden neben den wenigen im Bundesarchiv auffindbaren Unterlagen aus dem Bereich der Staatlichen Kommission für Kunstangelegenheiten, Vorgängerbehörde des Ministeriums für Kultur, zusätzlich die Bestände verschiedener Landes- und Stadtarchive gesichtet. Auch hier ist die Überlieferung bruchstückhaft. Zumeist sind nur einzelne Vorgänge überliefert, aus denen allein sich keine lückenlose Chronik eines Unternehmens zeichnen läßt.

Aus diesem Grund wurden unter Anwendung der Methoden der Oral History Interviews mit Zeitzeugen durchgeführt. Das Hauptaugenmerk bei der Auswahl der acht Interviewten richtete sich auf Betroffene, sprich Mitglieder der in der DDR reisenden Zirkusunternehmen, aber auch auf angestellte Artisten und Mitarbeiter. Natürlich wurde die Auswahl durch die Auffindbarkeit der Betroffenen und ihr teilweise sehr hohes Alter begrenzt. Die große Zeitspanne zwischen Ereignis und Interview – teils bis zu 50 Jahre – und das geringe Alter der Interviewten zum Zeitpunkt des Geschehens bedingen zwangsläufig eine große historische Distanz. Aufgrund der extrem gegenwartsbezogenen Lebensperspektive der Betroffenen läßt sich eine einseitig verzerrte Filterung der Informationen immerhin annähernd ausschließen. Zudem konnten viele Aussagen anhand der vorhandenen schriftlichen Quellen verifiziert werden, wobei immer wieder ein erstaunliches Maß an Übereinstimmungen zutage trat.

Die vorliegende Arbeit wurde in bewußter Abwägung aus der Perspektive der Betroffenen geschrieben. Sie soll der bis heute weitgehend unwidersprochenen, „staatstragenden" Darstellung in Publikationen aus Zeiten der DDR eine Antithese entgegensetzen.

Auf ausführliche Interviews mit Funktionsträgern von Partei und Staat wurde deshalb verzichtet. Ihr Standpunkt ist aus früheren Publikationen weitgehend bekannt, und kürzliche Äußerungen etwa des langjährigen Generaldirektors des VEB Zentralzirkus, Otto Netzker[8], ließen keine neuen Erkenntnisse erwarten.

Gerade in diesem Bereich haben viele Beteiligte die einseitige, bisweilen selbstgerechte Sichtweise noch nicht abgelegt, sind verhaftet in ideologisch bedingten Interpretationsmustern. Neben den allgemeinen Einwand, daß 40 Jahre DDR die persönliche Geschichte dieser Menschen tief geprägt haben und nicht mir nichts dir nichts über Bord geworfen werden können, tritt im Bereich der Schausteller eine ungünstige definitorische Unschärfe. Will man die Situation dieser Bevölkerungsgruppe in der DDR beurteilen, muß zunächst unterschieden werden zwischen angestellten Artisten und Privatbetriebe leitenden Zirkusbesitzern und deren Familien, die intensiv in die Geschäfte involviert waren. Während sich für die erste Gruppe, selbst für als freie Artisten tätige Schausteller, die sozialen und gesellschaftlichen Bedingungen mit Bildung des VEB Zentralzirkus, unter Inkaufnahme der Einbindung in die sozialistische Gesellschaft, deutlich verbesserten, hatten die Betreiber der privatbetrieblich organisierten Lizenz-Zirkusse regelmäßig unter den Gängelungen staatlicher Instanzen zu leiden. So sind die scheinbar widersprüchlichen Aussagen unterschiedlicher Artisten auf ihre Stellung innerhalb der DDR-Gesellschaft zurückzuführen. Nur weil die DDR den angestellten Artisten verbesserte Bedingungen bot, darf man daraus indes nicht eine Rechtfertigung für die Repressalien gegenüber den verbliebenen Privatzirkussen ableiten, verbunden mit dem banalen Hinweis, diese hätten ja ihre Geschäfte aufgeben können. Die Vorzüge eines politischen Systems legitimieren nicht dessen Unrecht.

Die Literatur zur Zirkusgeschichte, übrigens auch derjenigen der Westzirkusse, ist, abgesehen von Biographien und Darstellungen artistisch-künstlerischer Entwicklungen, äußerst dürftig.[9] Nach der Wende 1989 hat sich niemand intensiv mit dieser Thematik auseinandergesetzt, was angesichts der anschwellenden Flut von Publikationen zu diesem nunmehr abgeschlos-

---

[8] Vgl. Winkler, Gisela, Wie war das damals mit dem volkseigenen Circus? Ein Gespräch mit Otto Netzker, in: Circus Zeitung, Dormagen Nr. 11/93.

[9] Vgl. Neubarth, Claudia/Winkler, Gisela/Winkler, Dietmar, Zirkus-Bibliographie. Deutschsprachige Zirkusliteratur von 1968–1998, Landesarbeitsgemeinschaft Spiel und Theater Berlin e.V., Berlin 1998.

senen Bereich der deutschen Geschichte um so mehr erstaunt. Den bislang
einzigen Versuch, die vielschichtige Materie in einer umfassenden deutschen
Zirkusgeschichte zusammenzuführen, unternahmen 1986 in der DDR Ernst
Günther und Dietmar Winkler.[10] Ihre Darstellung ist noch heute unverzicht-
bar und in weiten Teilen inhaltlich gehaltvoll und verläßlich, selbst für die
Geschichte der Bundesrepublik. Ihre Betrachtungen zur Geschichte der
DDR-Zirkusse fallen hingegen wenig überzeugend aus und sind strecken-
weise revisionsbedürftig. Vor allem die im folgenden behandelte Thematik
der privaten Lizenz-Zirkusse wird, ob aus systembedingter Notwendigkeit
oder persönlicher Überzeugung sei dahingestellt, derart verknappt und ange-
reichert mit bissigem Spott dargestellt, daß sich ein ideologisch verzerrtes
Bild der Ereignisse ergibt.[11]

Es ist bezeichnend für den Stand der Aufarbeitung der DDR-Vergangen-
heit in diesem Bereich, daß selbst in Arbeiten mit wissenschaftlichem Anspruch wohl aus Bequemlichkeit, völlig unreflektiert und ohne auch nur ansatzweise kritische Distanz die offensichtlich tendenziösen Aussagen und
Wertungen des Buches übernommen werden.[12]

Mit der als Fortsetzungsserie erschienenen, in populärem Stil gehaltenen
Arbeit von Circus-Krone-Biograph Klaus-Dieter Kürschner wurden erstmals
in erfreulicher Klarheit die Ursachen hinterfragt, die zum Ende eines Privat-
zirkusses führten.[13] An dieser Stelle fortzufahren, ist die Absicht der vorliegenden Arbeit.

Um der komplexen Thematik gerecht zu werden, werden sich die Aus-
führungen wie in einer Filmsequenz immer mehr an den Untersuchungs-
gegenstand herantasten, wie in einer Zoom-Fahrt immer mehr Details der
Thematik und ihre konkreten Auswirkungen beleuchten, bevor die Darstellung schließlich resümierend zur Totalen zurückkehrt.

Im zweiten Kapitel werden zunächst in der gebotenen Kürze grundlegende Weichenstellungen der DDR-Geschichte auf wirtschaftlichem und
kulturellem Gebiet skizziert. Die Entwicklung läßt sich mit der legeren Floskel „Alles nach Plan" zusammenfassen, die aus der Rückschau wenigstens

---

[10] Günther, Ernst/Winkler, Dietmar, Zirkusgeschichte. Ein Abriß der Geschichte
des deutschen Zirkus, Berlin (Ost) 1986.

[11] Dietmar Winkler war bis zur Wende Leiter der Abteilung Presse und Öffentlichkeit beim Staatszirkus der DDR. Seine Arbeiten sind aus der subjektiven Perspektive des Beteiligten geschrieben.

[12] Als Beispiel: Bremerstein, Jan, Zirkus in der DDR. Unterhaltungskunst unter
real-sozialistischen Bedingungen, Magisterarbeit Kulturwissenschaften, Humboldt-
universität Berlin 1997.

[13] Kürschner, Klaus-Dieter, Der Circuskönig im Nachkriegs-Berlin: Über den
Circus Harry Barlay in seiner Berliner Zeit, Circus Zeitung, Dormagen Nr. 1–10/
1997, je S. 21/22 bzw. 25/26.

teilweise das genaue Gegenteil impliziert. Die Geschichte der DDR war geprägt von einer zunehmend an Wirksamkeit gewinnenden zentralen Planung nach ideologischen Vorgaben, installiert allerdings nicht in einem kontinuierlichen Prozeß, sondern in schubweisen Steigerungen, unterbrochen von Phasen der Stagnation. Weil sie grundlegend gesellschaftsverändernd wirkte, blieben auch die privaten Zirkusse davon zwangsläufig nicht unberührt. Abgesehen von diesem zu erwartenden grundsätzlichen Gleichlauf der allgemeinen und der speziellen Entwicklungen, gab es jedoch eine sehr viel engere Korrelation zwischen der Entwicklung der DDR und derjenigen der Zirkusse. Aus diesem Grund soll zunächst die Folie allgemeiner Geschichte ausgerollt werden, in deren Vordergrund, und, um im Bild zu bleiben, von deren Materialeigenschaften beeinflußt, sich gewissermaßen die Entwicklung der Zirkusse vollzog.

Im dritten Kapitel soll in drei thematisch geordneten Schritten der Prozeß zunehmender Einflußnahme und zentralisierter Kontrolle nachvollzogen werden, in dessen Folge der Manegenzauber immer mehr unter Einfluß von Hammer und Sichel geriet. Die ersten Jahre nach dem Krieg waren noch geprägt von weitgehenden Freiheiten, die auch aus dem Umstand einer faktischen Doppel-Administration in der SBZ und der damit verbundenen Möglichkeit des taktischen Ausspielens beider Instanzen resultierten (III.1). Direkt nach Gründung der DDR setzte sich jedoch in den frühen 50er Jahren das Regelungsbedürfnis des Staates durch, der auch über das Zirkuswesen die zentral gelenkte Kontrolle zu gewinnen suchte, um dieses im Sinne der „sozialistischen Gesellschaft" umzuformen. Dieser Schritt wurde auf legislativem und administrativem Weg vollzogen (III.2), wobei man sich darüber hinaus häufig üblicher fiskalischer Repressionsinstrumente bediente, wenn eine andere Handhabe fehlte.

Zirkusvergnügen von Staats wegen war das Ziel dieses Prozesses, was den Aufbau staatseigener und die Zurückdrängung privater Zirkusse auf ein Randdasein beinhaltete (III.3).

Im vierten Kapitel soll in einzelfallbezogener Perspektive genauer dargestellt werden, unter welchen Bedingungen private Lizenz-Unternehmen dennoch „Zirkus zwischen Kunst und Kader" machten, bzw. wann und aus welchen Gründen sie darauf verzichteten oder zum Verzicht gezwungen wurden. Man darf dabei jedoch nicht vergessen, daß es sich nicht nur um Einzelfälle handelte, sondern daß vielmehr jedes Unternehmen in singulärer Beziehung stand zu einem Staat, der alle nach prinzipiell gleichen ideologischen Prämissen bewertete und in gleichen Situationen auch weitgehend gleich behandelte.

Die von mir gewählte Perspektive birgt die Gefahr einer zu mikroskopischen Analyse, bei der die Grundmuster historischer Prozesse abhanden kommen. Bei zu spezifischer Betrachtung verschwimmen allzu leicht die

Grenzen von Anlaß und tieferer Ursache. Aus diesem Blickwinkel ließe
sich selbst das Aussterben der Saurier über Impotenz, Unfälle, Herzversa-
gen oder Alterstod einzelner Individuen natürlich erklären, ohne den eigentlichen Ursachen des Phänomens damit einen Schritt näher zu kommen. Um
diese Gefahr zu umgehen, wurden vier Gruppen von Unternehmen zusammengefaßt, deren Entwicklung jeweils symptomatisch ist für andere Fälle,
und die sich damit in den angesprochenen Kontext der DDR-Geschichte
einordnen lassen. Zunächst richtete sich das Augenmerk auf die drei Groß-
unternehmen Barlay, Busch und Aeros, die bereits Anfang der 50er Jahre in
kommunale Verwaltung übergingen, wobei man sich üblicher Verfahren zur
Enteignung über den Weg angeblicher Steuerrückstände bediente. Obwohl
die privatbetriebliche Existenz dieser Unternehmen damit endete, soll ihre
Entwicklung noch bis zur Bildung des VEB Zentralzirkus 1960 verfolgt
werden, einerseits, weil sie bis dahin weitgehend eigenständig wie Privatbetriebe geführt wurden, andererseits, um anhand der alsbald begonnenen Diskussion über eine Zentralisierung nach sowjetischem Vorbild zu belegen,
daß die Treuhandschaft und Überführung in kommunale Trägerschaft keineswegs planlos oder zufällig oder gar aus Verantwortung für die Sache
erfolgte.

Die zweite Gruppe bilden private Lizenz-Zirkusse, die sich während der
50er Jahre zu respektablen Mittelunternehmen entwickelten und mit ihrer
expansiven Tendenz schließlich nicht mehr ins Bild des statischen Mitein-
anders ohne wirtschaftliche Konkurrenz paßten. Während Circus Baruk bereits 1952 enteignet wurde, konnte sich Frankello noch bis in die zweite
Hälfte der 50er halten, bevor der Zirkus die DDR fluchtartig verließ.

Zirkus Probst stellt ein gesondertes Kapitel ostdeutscher Zirkusgeschichte
dar. Rudolf Probst ist das Stehaufmännchen unter den Zirkusdirektoren der
DDR, das allen Repressionen trotzte und seinen totgeglaubten Zirkus trotz
härtester Schikanen immer wieder von neuem zum Leben erweckte. Dabei
konnte er dank seiner unbestreitbaren Qualitäten in der Zirkusführung
manche Trumpfkarte gegenüber staatlichen Organen aus dem Ärmel ziehen.

Die Zirkusse Milano und Hein haben sich schließlich erzwungenermaßen
mit dem System arrangiert. Bei Milano sicherten politische Rücksichten das
Bestehen des Unternehmens, bis die Betreiberfamilie aufgrund des ständigen Drucks und der Unübertragbarkeit der Lizenz 1972 aus Altersgründen
die Segel strich. Der Circus Hein existiert seit Kriegsende ohne Unterbre-
chung – ein Schicksal, das keinem anderen DDR-Unternehmen vergönnt
war, und dessen Hauptgründe in der geringen Größe und dem fehlenden
Expansionsdrang zu suchen sind.

Nach diesem Rundgang durch verschiedene Zirkuszelte soll in einer Zusammenfassung als Fazit das Verhältnis von privaten Lizenz-Zirkussen und
der DDR sowie dessen Veränderungen im Verlauf der 40jährigen DDR-Ge-

schichte abschließend definiert werden. Am Ende wird sich in zahlreichen Beispielen gezeigt haben, daß der Staat nicht am Chapiteau endete, daß er selbst in dieser randständigen Nischenkultur mit allen Mitteln Fuß zu fassen suchte und seinen Superioritätsanspruch verteidigte.

Trotz der lückenhaften Quellenlage und den gelegentlich widersprüchlichen Befunden läßt sich die Geschichte der privaten DDR-Zirkusse, verstanden als auch inhaltlich abhängiger Teil der DDR-Geschichte, bereits heute sowohl in ihren Grundlinien, als auch in einzelnen Episoden rekonstruieren, wobei in Zukunft, vor allem bei Öffnung wichtiger Quellenbestände, weitere differenzierende Erkenntnisse nicht auszuschließen sind.

II. Alles nach Plan

Der Staatssozialismus greift
nach Wirtschaft und Kultur

*„Für mich ist die Zirkuskunst die höchste aller Künste überhaupt.
Die Kraft ihrer Möglichkeiten ist geradezu grenzenlos."*

Honoré de Balzac

Noch war der braune Rattenfänger nicht von Bord gegangen, noch hatte Adolf Hitler, der sich von seinem Volk verlassen fühlte, nicht durch Selbstmord seine (Ver-)Führung des deutschen Volkes in einen Krieg von nie dagewesenem Ausmaß beendet und damit der Herrschaft der Nationalsozialisten das Fanal geblasen, als die in Berlin einrückende Rote Armee bereits das Kulturleben nach dem Dritten Reich zu organisieren begann. Mit Befehl Nr. 1 erlaubte Generaloberst Nikolaj Bersarin am 28.4.1945 Berliner Kinos, Theatern und Gaststätten, ihren Betrieb bis jeweils 21 Uhr wieder aufzunehmen und ließ umgehend ein Büro für kulturelle Angelegenheiten einrichten.[1] Das kulturelle Leben kehrte im Laufschritt in die einst florierende Metropole zurück[2], in der planvollen Absicht, in dem „durchdachten politischen Konzept"[3] der russischen Besatzer, den Faschismus durch Weltoffenheit zu überwinden. Ohne diese Perspektive ist nicht zu verstehen, weshalb sich der Berliner Stadtkommandant, im Angesicht gewaltiger organisatorischer Probleme der Demilitarisierung, Versorgung mit Grundnahrungsmitteln, Unterbringung der Flüchtlinge und des Wiederaufbaus administrativer Strukturen, schon am 14.5.1945 mit führenden Repräsentanten der Kultur, darunter Gustav Gründgens, austauschte über Möglichkeiten, das Kulturleben zu stimulieren. Zwar stieß diese Strategie bei den von der Last des NS-Terrors befreiten Deutschen ohnehin auf fruchtbaren Boden, wurde jedoch noch begünstigt durch die Offenheit, mit der die russischen Kulturoffiziere allen bekannten Künstlern durch Nahrungspakete, Wohn-

---

[1] Vgl. Glaser, Hermann, Deutsche Kultur. Ein historischer Überblick von 1945 bis zur Gegenwart, Bonn 1997, S. 110.

[2] Bald lagen allein dem Berliner Magistrat 400 Anträge zur Gründung von Theatern, 1000 zur Eröffnung von Kabaretts vor. Gute Zeiten auch für politische Clowns. Vgl. ebd., S. 127.

[3] Kleßmann, Christoph, Die doppelte Staatsgründung. Deutsche Geschichte 1945–1955, Bonn 1991, S. 158.

raum und Engagements Hilfestellung leisteten[4] – nahezu unabhängig von deren Position und Einstellung im Dritten Reich. Aus dem Wissen um die spätere Entwicklung darf nicht die Tatsache verdrängt werden, daß gerade in kultureller Hinsicht die russischen Besatzer mit Liberalität und Pragmatismus „freundliche, fast deutschfreundliche Akzente setzten"[5] – allerdings mit klaren ideologischen Absichten, wie etwa der im Juli 1945 von Johannes R. Becher gegründete Kulturbund zur demokratischen Erneuerung Deutschlands belegt. Offiziell ideologisch nicht festgelegt, war die Vereinigung – von Walter Ulbricht und Josef Stalin persönlich gefördert – dazu gedacht, als „Trojanisches Pferd" in den Reihen der Intellektuellen zunächst aller Besatzungszonen im Rahmen einer Solidarisierungsstrategie unerkannt Anhänger für den Kommunismus zu werben.[6]

Das zumindest oberflächlich anhaltende Aufbruchsklima kam bis zum Ende des Jahrzehnts immer wieder auch den Zirkussen zugute, wie in Kapitel III.1 zu zeigen sein wird. Aus dieser Stimmung heraus ist überdies verständlich, warum viele Intellektuelle, mit den Ideen eines gemäßigten Kommunismus durchaus sympathisierend, sich in der SBZ oder im Ostsektor Berlins ansiedelten und teilweise dort verblieben, als die Stimmung sich bereits merklich zu wandeln begann.

Daß die freigeistige Blüte bei einer Etablierung des Kommunismus dennoch nicht von Dauer sein würde, ließ sich bereits aus einer Rede Anton Ackermanns[7] auf der „Ersten Zentralen Kulturtagung der KPD" vom 3.–5.2. 1946 entnehmen. Kein Amt, keine Partei und keine Presse habe Wissenschaftlern und Künstlern dreinzureden, solange es um die künstlerischen und wissenschaftlichen Belange gehe, proklamierte er scheinheilig. Allerdings höre diese Freiheit auf, wo es sich um Pseudowissenschaft und -kunst handele, schränkte der Referent ein und machte auch sogleich deutlich, was nach Ansicht der Kommunisten Kunst sei: „Unser Ideal sehen wir in einer Kunst, die ihrem Inhalt nach sozialistisch, ihrer Form nach realistisch ist."[8]

Deutlicher wurde das Bild mit Beginn des Kalten Krieges, als die werbend-appellative Strategie einer drängend-bedrängenden Ideologisierung im Sinne des Sozialismus wich. Der Kunst wurde nun ausschließlich eine didaktische Funktion zugemessen. So forderte das ZK der SED im März 1951 von den Künstlern, sich „am Beispiel der großen sozialistischen So-

---

[4] Vgl. dazu: Niekisch, Ernst, Erinnerungen eines deutschen Revolutionärs, Bd. 2: Gegen den Strom 1945–1967, Köln 1974, S. 53.

[5] Vgl. Glaser, 1997, S. 111.

[6] Vgl. Glaser, 1997, S. 105.

[7] Ackermann war Sekretär des ZK der KPD für ideologische Fragen.

[8] Zit. nach: Jäger, Manfred, Kultur und Politik in der DDR. Ein historischer Abriß, Köln 1994, S. 9 ff.

wjetunion zu orientieren" und „die werktätigen Menschen im Geiste des Sozialismus umzuformen und zu erziehen."[9]

Teils aus Opportunismus, teils aus Überzeugung schlossen sich viele Künstler dieser Forderung an. Gerade im Bereich der Artistik kann man, bei neutraler Distanz der Zirkusbetreiber, sowohl in den frühen 50ern, als auch in späteren Jahren von Seiten der Funktionäre eine fast vorpreschende Gefolgschaft zu der politischen Linie erkennen, wohl in dem Bedürfnis, als kulturelle Randgruppe wahrgenommen zu werden, und verbunden mit der Hoffnung, die Artistik werde damit die ersehnte Weihe der anerkannten Künste erlangen.[10] So verpflichtete die Fachkommission Artistik in ihrem bereits erwähnten Arbeitsprogramm unter „1. Ideologische Aufgaben" „die Artisten, aktiv bei der Schaffung einer neuen deutschen Kultur, die die gesellschaftlichen Verhältnisse in der Deutschen Demokratischen Republik widerspiegelt, mitzuarbeiten", und erklärte: „Der Erfahrungsaustausch mit der Sowjetunion (...) dient der Weiterentwicklung unserer Kultur und ist bei der Lösung unserer gewerkschaftspolitischen Aufgaben unbedingt erforderlich."[11]

Um die erwähnten Ziele zu erreichen, mußte die künstlerische Produktion kanalisiert werden. Zu diesem Zweck trat neben das Ministerium für Volksbildung, das seit Gründung der DDR beispielsweise für Drucklizenzen und Papierzuteilungen – die auch für Zirkusprogramme benötigt wurden – zuständig war, im Juli/August 1951 die Staatliche Kommission für Kunstangelegenheiten. Die „Idee der Kunst" habe der „Marschrichtung des politischen Kampfes zu folgen",[12] schrieb der Vorsitzende des Ministerrates, Otto Grotewohl, dieser Behörde in seiner Gründungsrede ins Stammbuch, die in den kommenden Jahren dementsprechend einen ideologisch scharf abgesteckten Kurs fuhr.

Betroffen davon waren zumindest auch die größeren Zirkusunternehmen, die von der Abteilung Darstellende Kunst, Referat Kleinkunst betreut

---

[9] Zit. nach: Staritz, Dietrich, Geschichte der DDR 1949–1985, Erw. Neuausgabe, Frankfurt/Main 1996, S. 72.

[10] Ein typisches Beispiel für die Selbstvergewisserung ihrer eigenen Bedeutung liefern die Staatszirkusfunktionäre Otto Netzker und Mario Turra: „Es entspricht dem Wesen der sozialistischen Kulturpolitik, daß die Zirkuskunst heute fester Bestandteil des geistig-kulturellen Lebens des Volkes ist und gleichberechtigt im Ensemble der Künste zur allseitigen Befriedigung der kulturellen Bedürfnisse beiträgt." Zit. nach: Günther, Ernst/Winkler, Dietmar, Zirkusgeschichte. Ein Abriß der Geschichte des deutschen Zirkus, Berlin (Ost) 1986, S. 223.

[11] Arbeitsprogramm der Fachkommission Artistik, 29.8.1951, BArch, DDR 1, 6052.

[12] Zit. nach: Heider, Magdalena, Politik – Kultur – Kulturbund. Zur Gründungs- und Frühgeschichte des Kulturbundes zur demokratischen Erneuerung Deutschlands 1945–1954 in der SBZ/DDR, Köln 1993, S. 129.

wurden. „Neues Deutschland" schrieb am 18.3.1952, Hauptaufgabe der Kommission sei es, „den Künstlern jede nur erdenkliche Hilfe zu gewähren".[13] Worin diese „Hilfe" bestand, und wie sie sich auswirkte, wird im weiteren noch näher zu analysieren sein. Vorgreifend seien nur einige statistische Angaben notiert, die ich durch Auswertung der von Dietmar Winkler zusammengestellten Materialien gewonnen habe.[14] Von 31 aus der Zeit von 1945 bis 1971 näher bekannten Zirkusunternehmen wurden während der Zuständigkeit der Staatlichen Kommission für Kunstangelegenheiten zwischen 1951 und 1954 die drei Großzirkusse Barlay, Busch und Aeros in Volkseigentum überführt. 13 Zirkusse stellten ihren Spielbetrieb ein oder wurden von staatlichen Instanzen aufgelöst.[15] In drei Jahren wurde damit die Zahl der reisenden Privatzirkusse halbiert. Auch wenn in einzelnen Fällen persönliche oder wirtschaftliche Motive die Aufgabe begünstigt haben werden, geht diese Reduktion über das durch natürlichen Schwund bedingte Maß deutlich hinaus und ist auch in der weiteren Entwicklung ohne Beispiel.

Bei Künstlern war die Kunstkommission aufgrund ihrer dogmatischen Engstirnigkeit und ihres rabiaten Durchgreifens unbeliebt und gefürchtet. Im Nachgang zum Aufstand des 17.6.1953, bei dem die Intellektuellen eher abseits gestanden hatten, und in der daraus folgenden Systemschwäche forderten sowohl die Akademie der Künste als auch der Kulturbund liberale Veränderungen. Bert Brecht schrieb u.a. ein bissiges Gedicht über die Kunstkommission, das von der Berliner Zeitung veröffentlicht wurde:

> „Geladen zu einer Sitzung der Akademie der Künste
> Zollten die höchsten Beamten der Kunstkommission
> dem schönen Brauch, sich einiger Fehler zu zeihen
> ihren Tribut, und murmelten, auch sie
> Zeihten sich einiger Fehler. Befragt
> Welcher Fehler, freilich konnten sie sich
> An bestimmte Fehler durchaus nicht erinnern. Alles was
> Ihnen das Gremium vorwarf, war
> Gerade nicht ein Fehler gewesen, denn unterdrückt
> Hatte die Kunstkommission nur Wertloses, eigentlich auch
> Dies nicht unterdrückt, sondern nur nicht gefördert.
> Trotz eifrigsten Nachdenkens
> Konnten sie sich nicht bestimmter Fehler erinnern, jedoch
> Bestanden sie heftig darauf,
> Fehler gemacht zu haben – wie es der Brauch ist."[16]

---

13 Zit. nach: Jäger, 1994, S. 42.

14 Vgl. Winkler, Dietmar, Zur Geschichte der artistischen Reiseunternehmen seit 1945 auf dem Gebiet der DDR, (Manuskript) Berlin 1971.

15 Baruk, Heilig, Luxor, Probst, Proscho, Renz-Nock, Schickler, Schmidt, Scholl-Schollini, Sperlich, Voigt, Karl Weisheit.

16 Zit. nach: Jäger, 1994, S. 73.

Als Folge der Auseinandersetzung wichen SED und Regierung ideologisch geringfügig zurück. Am 7.1.1954 wurde das Kulturministerium gegründet, als erster Minister Johannes R. Becher berufen. Die Staatliche Kommission für Kunstangelegenheiten wurde im Gegenzug aufgelöst. Hofften die Künstler damit auf einen inhaltlich neuen Kurs, sollte sich diese administrative Veränderung jedoch mehr als kosmetischer Natur erweisen, da der gesamtdeutsch orientierte Becher zunehmend die Richtungskompetenz an seinen Stellvertreter und Nachfolger Alexander Abusch verlor, der spätestens in seiner Amtszeit von 1958–1961 erneut die Schrauben andrehte. In diese Zeit fallen die Lizenzordnung für private Zirkusse und die seit 1958 fest projektierte Bildung des VEB Zentralzirkus, die im Kapitel III.2. bzw. III.3 detailliert im historischen Kontext verortet werden sollen.

Direkter als von kulturpolitischen Anforderungen waren die Zirkusleute in den 50er Jahren von den Veränderungen des Wirtschaftssystems der DDR betroffen, galten sie doch, entgegen ihrer Selbstwahrnehmung, in erster Linie nicht als kulturelle Einrichtungen, sondern als kapitalistische Betriebe. Diese paßten nicht mehr ins Gesellschaftsbild der DDR, als die SED unter Anleitung und Aufsicht der Sowjetunion mit „bürokratisch-diktatorischen Methoden"[17] eine Einparteienherrschaft stalinistischer Prägung installierte.

Mit dem Ende 1947 vorgelegten Zweijahresplan beanspruchte die SED offen die Kontrolle über das Wirtschaftsleben und etablierte die sozialistische Planwirtschaft in der SBZ. Schon zuvor hatte die Sowjetische Militäradministration für Deutschland (SMAD) wichtige Weichenstellungen zur Umwandlung von Wirtschaft und Gesellschaft vorgenommen. Unter dem Slogan „Junkerland in Bauernhand" wurden durch die Bodenreform am 10.9.1945 etwa 7 000 Großgrundbesitzer mit mehr als 100 ha Land entschädigungslos enteignet. Im Juli 1945 wurden Banken und Sparkassen verstaatlicht. Mit der Industriereform schuf die SMAD die Voraussetzungen zur Verstaatlichung von Betrieben, indem sie das Eigentum von Staat, NSDAP und der Wehrmacht beschlagnahmte. Viele Betriebe vornehmlich der Schwerindustrie wurden in Sowjetische Aktiengesellschaften (SAG) umgewandelt, andere im März 1946 den Verwaltungen der Länder unterstellt. Nach dem berühmt gewordenen Volksentscheid in Sachsen, wo am 30.6.1946 eine große Mehrheit für die Verstaatlichung votierte, gewann die Enteignungswelle an Dynamik. Mit dem Vorwand, Kriegsverbrecher zu bestrafen, wurden bis 1948 rund 10 000 Betriebe wichtiger Schlüsselindustrien ohne Entschädigung enteignet und in volkseigene Betriebe überführt.

---

[17] Weber, Hermann, Die DDR 1945–1990, Grundriß der Geschichte Bd. 20, 2. überarbeitete Auflage München 1993, S. 29.

Auf dem III. Parteitag im Juli 1950 erklärte die SED den Aufbau der Wirtschaft zur dringlichsten Aufgabe, womit der Aufbau einer Staatswirtschaft implizit gemeint war. Statt diese Absicht schon jetzt en détail öffentlich zu bekunden, postulierte die SED generell ihren Alleinvertretungsanspruch mit dem erstmals gesungenen Lied von Louis Fürnberg „Die Partei, die Partei, die hat immer recht". Dietrich Staritz weist auf das hohe Risiko hin, das mit der Einführung des Sozialismus Stalinscher Prägung in einem halben Land verbunden war. Dies sei angesichts des Gefälles im Lebensstandard von West nach Ost und bei den noch offenen Grenzen sowie in Anbetracht der nationalen Orientierung der Deutschen ein Experiment mit ungewissem Ausgang gewesen.[18]

Erst als sich Anfang 1952 die Integration der Bundesrepublik in die NATO abzeichnete und eine deutschlandpolitische Initiative Stalins gescheitert war, drängte dieser energisch auf Sicherung des Status quo. Die Auflösung der Länder und die militärische Aufrüstung waren wichtige Aspekte, doch vor allem sollte die sozialistische Gesellschaft jetzt unwiderruflich etabliert werden. „Niemand zwingen. Nicht schreien Kolchosen – Sozialismus. Tatsachen schaffen", notierte Wilhelm Pieck die Anweisungen Stalins bei Gesprächen am 1. und 7.4.1952 in Moskau.[19] Auf der II. Parteikonferenz am 9.7.1952 schlug Walter Ulbricht zum erwarteten Jubel der Delegierten entsprechend vor, den Sozialismus nunmehr „planmäßig" aufzubauen.

Kernbestandteile der gesellschaftlichen Transformation waren der „freiwillige" Zusammenschluß der Bauern in Landwirtschaftlichen Produktionsgenossenschaften (LPG), sowie derjenige der Handwerker in Produktionsgenossenschaften des Handwerks (PGH). Zwanglos ließen sich diese Maßnahmen kaum flächendeckend durchsetzen; daher wurde den Kreisbehörden erlaubt, Landwirten, die die „Bestimmungen über die ordnungsgemäße Bewirtschaftung grob verletzt" oder gegen „Gesetze der deutschen Demokratischen Republik verstoßen" hätten, die Bewirtschaftung ihrer Ländereien zu untersagen und diese in staatliche Verwaltung und Bewirtschaftung durch LPGen zu übernehmen.[20] Nicht besser ging es privaten Gewerbetreibenden und Dienstleistern, zu denen man auch die Zirkusbesitzer zählen muß. Schon seit 1948 in das System der Planwirtschaft mit festgesetzten Preisen, Produktionsmengen und -normen integriert sowie mit einer gezielt auf Gewinnabschöpfung ausgelegten, progressiven Einkommensteuer konfrontiert,

---

[18] Vgl. Staritz, 1996, S. 98.

[19] Zit. nach: Mählert, Ulrich, Kleine Geschichte der DDR, München 1998, S. 61.

[20] Zit. nach: Staritz, 1996, S. 102. Zwischen Juli 1952 und Januar 1953 wurden rund 1250 Bauern belangt, viele davon enteignet. Die Zahl der Gefängnisinsassen stieg in der DDR von Juli 1952 bis Mai 1953 von 3100 auf 6600, vgl. Mählert, 1998, S. 66.

setzte auch bei ihnen „die SED auf das Wirtschaftsstrafrecht statt auf Über-
zeugungsarbeit."[21] Staritz schreibt, Verstöße gegen das ohnehin nur schwer
durchschaubare Regelwerk hätten als Verbrechen gegolten, seien mit Haft
bestraft worden und häufig sei darauf die Enteignung (...) gefolgt.[22] In
diese Zeit fällt die bereits erwähnte Säuberungswelle in der Zirkuslandschaft. Eine Kette von Zufällen? Ein Fall, der unter die Kategorie der Enteigneten fallen dürfte, wird in Kapitel IV.2 näher untersucht.

Der Aufstand des 17.6.1953 brachte eine, nach dem Tod Stalins im März
absehbare und von der Sowjetunion erzwungene, Anpassung des Verände-
rungstempos an die gesellschaftlichen Gegebenheiten. Die Stabilität des
SED-Regimes war in ernster Gefahr. Hatten im Dezember 1952 noch
22 000 Menschen die DDR verlassen, so waren im März 1953 über 58 000
Menschen in den Westen geflohen, so viele wie niemals zuvor in einem
Monat.

Am 11.6.1953 veröffentlichte „Neues Deutschland" ein Kommuniqué des
Politbüros, in dem diverse Fehler wie die „verschärften Methoden der Steu-
ererhebung"[23] zugegeben wurden. Da die zu Beginn des Monats erhöhten
Arbeitsnormen nicht zurückgenommen wurden, konnte dieses halbherzige
und unfreiwillige Zurückweichen auf einen „Neuen Kurs" den Aufstand
nicht mehr verhindern.

In der Folge des Aufstandes sollte republikflüchtigen Personen beschlag-
nahmtes Eigentum zurückgegeben werden. Anfang 1954 wurde auch den
vier Zirkusbesitzern der Unternehmen Luxor, Probst, Proscho und Renz-
Nock ihr eingezogenes Material wieder ausgehändigt.

In den Jahren bis 1958 verharrten SED- und Staatsführung in einer lauern-
den Warteposition, gaben ihr eigentliches Ziel jedoch nicht auf, die sozialistische Umgestaltung abzuschließen. Im Rahmen unspektakulärer Routine-
Aktionen war man zunächst bestrebt, das System möglichst zu stabilisieren,
ohne dabei einen Rückfall in das kapitalistische System zu ermöglichen. Im
Zirkusbereich wird das etwa daran sichtbar, daß nach 1950 keine neuen,
privaten Unternehmen mehr gegründet wurden. Als nach dem niederge-
schlagenen Aufstand in Ungarn 1956 die parteiinterne Opposition um Wolfgang Harich im Juli 1957 und Karl Schirdewan im Februar 1958 endgültig
ausgeschaltet war und sich in der Bevölkerung deutliche Anzeichen eines
Arrangements mit dem System bemerkbar machten[24], suchte man, den

---

[21] Mählert, 1998, S. 66.
[22] Vgl. Staritz, 1996, S. 103.
[23] Ebd., S. 115.
[24] Die Aufhebung der Lebensmittelrationierung im Mai 1958 ist sichtbares Zeichen für die Konsolidierung ebenso wie die Flüchtlingszahlen. Hatten 1956 noch
280 000 Menschen die DDR verlassen, waren es 1958 noch 204 000, 1959 nur
noch 144 000. Vgl. Staritz 1996, S. 170.

„Aufbau des Sozialismus" in langsamerem Tempo fortzusetzen[25], ein Anliegen, dem sich im Zirkusbereich der neue Kulturminister Alexander Abusch mit verschiedenen legislativen Anordnungen und Neuorganisationen zuwandte, die endlich die zentral gelenkte staatliche Kontrolle ermöglichen und sicherstellen sollten. Es entsprach dem differenziert angewandten, insgesamt vorsichtigeren, aber damit nicht weniger wirksamen Kurs, in diesem Bereich nicht mehr auf Verstaatlichung zu setzen. Man vertraute auf die indirekte Kraft des längeren Hebels, indem man die wenigen verbliebenen Betriebe mittels legislativer und administrativer Maßnahmen an die lange Leine nahm.

Das System war nunmehr derart stabil, daß man die bisherigen beschönigenden Argumentationsmuster fallen ließ und in zynischen Worten den alleinigen Herrschaftsanspruch bekundete. Hatte Walter Ulbricht 1945 die Losung ausgegeben „Es muß demokratisch aussehen, aber wir müssen alles in der Hand haben"[26], verkündete er 1957 unverfroren: „Eine Opposition in der DDR könnte doch nur gegen die Politik unserer Regierung gerichtet sein: Sie müßte für den Einsatz von Faschisten und Militaristen in hohen Machtpositionen (...) und für die Vorbereitung eines Atomkrieges sein. Solche Opposition zu dulden, wäre verbrecherisch."[27]

Die Krise von 1960/61, ausgelöst durch die nun mit allen Mitteln konsequent umgesetzte Kollektivierung der Landwirtschaft, die im Bau der Mauer und damit der Abriegelung des letzten Ausweges aus der DDR durch das Fluchttor Berlin mündete, ist für die vorliegende Arbeit nicht mehr von großer Bedeutung, da im untersuchten Bereich die staatliche Einflußnahme mittlerweile derart ausgebaut war, daß weitere Maßnahmen nicht erforderlich schienen. Allerdings war es den Schaustellern, die in der DDR verblieben waren, nun nicht mehr möglich, sich dem System durch Flucht zu entziehen. Als letzter machte 1960 Walter Frank mit seinem Kleinzirkus Frank von dieser Möglichkeit Gebrauch. Wie in allen anderen gesellschaftlichen Bereichen vermochten Partei und Staat fortan mit weitaus geringerem Druck, mehr zu erreichen. „Die SED war bereit, die direkte Gewalt zugunsten von Überwachung, Neutralisierung und ideologischer Arbeit einzuschränken."[28] Da sie um die Repressionsmöglichkeiten und ihre ausgefallene Stellung in einer weitgehend verstaatlichten oder kollektivierten Wirtschaft wußten,

---

[25] So wurde der Anteil halbstaatlicher Betriebe ab 1957 deutlich erhöht, indem man den Besitzern eine 50prozentige Beteiligung anbot.

[26] Groth/Joachim-Rüdiger, Groth/Karin, Materialien zu Literatur im Widerspruch. Gedichte und Prosa aus 40 Jahren DDR. Kulturpolitischer Überblick und Interpretationen, Köln 1993, S. 5 f.

[27] Walter Ulbricht in „Neues Deutschland" vom 16.11.1957, zit. nach: Weber, 1993, S. 51.

[28] Ebd. S. 58.

beugten sich die Zirkusbetreiber den Forderungen, gingen ein erzwungenes Arrangement mit dem Staat ein, um sich damit einen Rest von Selbständigkeit zu erkaufen. Bei der wachsenden Stabilisierung war die Diktatur bestrebt, ihr freundliches Gesicht zu zeigen, um einer Opposition keine Grundlage zu bieten. Die SED suchte auf emotionaler Ebene ein besseres Verhältnis zur Bevölkerung. „Die Republik braucht alle, alle brauchen die Republik"[29] wurde als versöhnliche Losung ausgegeben.

1972 wurde der letzte Schritt der Verstaatlichung vollzogen, als die Betriebe mit staatlicher Beteiligung, die letzten Privatbetriebe im Bau- und Industriebereich sowie die industriell arbeitenden Produktionsgenossenschaften des Handwerks verstaatlicht wurden, womit jetzt 99 statt zuvor 82 Prozent der Industriewaren von Staatsbetrieben hergestellt wurden. Aus Sicht der Partei hatten sie heimlich begonnen, sich zu Kapitalisten zu mausern. Große Teile der Bevölkerung neideten ihnen die trotz extrem hoher Besteuerung guten Einkommen, die zu den Spitzenverdiensten der DDR zählten.[30] Obwohl die betroffenen Betriebe auch zuvor bereits in die sozialistische Staatswirtschaft integriert waren, suchte man durch abschließende Verstaatlichung die Kontrolle zu perfektionieren und jede Möglichkeit eines „außerplanmäßigen" Ausscherens auszuschließen. In diesem Zusammenhang ist auch die Entwicklung unter den privaten Zirkussen zu sehen, die in den 60ern eine Einnischung in das kulturelle Leben der DDR erfahren hatten. In den Jahren von 1967 bis 1972 kam nach einer längeren Pause jetzt für sechs der verbliebenen sieben Unternehmen das Ende. Zwar wurden Circus Proscho 1970, sowie Zirkus Milano 1971 und Circus Alberti 1972 offiziell aus Altersgründen eingestellt. Persönliche Gründe waren hier jedoch kaum entscheidend, vielmehr war es den Kindern unmöglich, das Unternehmen nach Ausscheiden der Eltern fortzuführen. Den Circussen Atlantik und Sarani wurde Ende der 60er Jahre ebenso die Lizenz entzogen wie Rudolf Probst 1972. Obwohl sich die Zirkusse den Vorgaben des Staates untergeordnet hatten, duldete dieser die privaten Unternehmen nur, bis sich ein triftiger Grund zu ihrer Auflösung anbot. Aus diesem Verhalten spricht eine unauflösbare Ambivalenz. Propagierte man einerseits die privaten Zirkusse als wichtigen Mosaikstein der kulturellen Landschaft der DDR, zumal der kulturellen Grundversorgung auf dem Land[31], so war letzt-

---

[29] „Neues Deutschland" vom 2.11.1963, zit. nach: Weber, 1993, S. 64.
[30] Vgl. Staritz, 1996, S. 284.
[31] Vgl. Anweisung über die verbesserte kulturelle Betreuung der ländlichen Gebiete und Kleinstädte der Deutschen Demokratischen Republik durch Zirkusgastspiele vom 25.10.1963, in: Weise, Roland, Handbuch der Artistik 1966. Das Taschenbuch für das Veranstaltungswesen in der Deutschen Demokratischen Republik und im sozialistischen Ausland, Pößneck 1966, S. 63 f.

lich das übergeordnete Ziel einer umfassenden Staatswirtschaft handlungsleitend für den Umgang mit den Lizenz-Unternehmen.[32]

Am Ende dieses Kapitels bleibt die scheinbar erstaunliche Tatsache, daß trotz der beschriebenen Entwicklungen von Wirtschaft und Kultur in der DDR sich private Zirkusse, obwohl in ständig abnehmender Anzahl, noch bis Anfang der 70er Jahre halten konnten, wobei Circus Hein als Sonderfall bis zur Wende bestehen blieb. Es drängt sich förmlich die Frage auf, warum man nicht auch in diesem Bereich schon zu früherer Zeit mit eisernem Besen gekehrt und die privaten Zirkusse entsprechend den ideologischen Konzepten beseitigt hat?

Zum einen ist bereits wiederholt auf die umfassende Beeinflussung der Lizenz-Unternehmen hingewiesen worden, die Inhalt des folgenden Kapitels sein wird. Zu verweisen ist überdies auf das große Medien-Echo, das in einem so schillernden Bereich wie dem Zirkus bei jeder offensichtlichen Gewaltanwendung ausgelöst wurde, und das die DDR-Administration – zunächst aus der berechtigten Angst vor einem Verlust künstlerischen Potentials, später vor allem mit Rücksicht auf ihre internationale Reputation – unbedingt zu vermeiden suchte. Von größerer Bedeutung ist jedoch die spezielle Struktur der Privatzirkusse. Es gilt zu unterscheiden zwischen Groß-Zirkussen und Familienzirkussen. Während bei ersteren die Familie des Besitzers nur für Teile des Programms und die übergeordnete Organisation verantwortlich ist, wird der Privatzirkus fast ausschließlich von der Zirkusfamilie bestritten, vom Zeltaufbau und der Gastspielakquise bis zu den Programmen. Alle Zirkusse, die nach 1953 auf dem Gebiet der DDR reisten, sind der zweiten Gruppe zuzuordnen, auch wenn einige von ihnen durchaus fremde Artisten und die meisten Arbeiter und Hilfskräfte engagierten. Diese überwogen anteilsmäßig nicht die Familienmitglieder und mußten sich deren Arbeitspensum anpassen. Während sich ein Groß-Zirkus von den innerbetrieblichen Strukturen und Arbeitsabläufen her aufgrund seiner wirtschaftlichen Potenz prinzipiell auch als staatliches Unternehmen organisieren läßt, ist das bei der Struktur des Familienzirkus praktisch undenkbar. Hier ist Zirkus-Machen nicht eigentlich ein Beruf, sondern eine Berufung, die ein Bewußtsein persönlicher Verantwortung voraussetzt, das von angestellten Arbeitnehmern mit fester Arbeitszeit und Arbeitsaufgabe nicht erwartet werden kann. Damit war es unmöglich, die Kleinzirkusse durch verstaatlichte Betriebe zu ersetzen. Das ungenügende kulturelle Angebot außer-

---

[32] So äußerte der Leiter der Abteilung Kultur in der SED-Bezirksleitung Magdeburg, Dr. Winning, laut einer Aktennotiz der Bezirksverwaltung, Abteilung Zollfahndung, keine Bedenken wegen der Einleitung eines Ermittlungsverfahrens gegen Rudolf Probst, „da der Zirkus Probst keine Bedeutung in kulturpolitischer Hinsicht für den Bezirk Magdeburg hat.", BStU Zentralarchiv, E-SKS 46702, 1. Strafakte, Bl. 64.

halb der Städte machte diese Zirkusse aber zu einem nicht zu unterschät-
zenden Faktor in der dreigliedrigen Strategie der Machterhaltung der SED-
Herrschaft. Neben der Unterdrückung einer kleinen Opposition und der Indoktrination vor allem der Jugend sollte die unpolitische Mehrheit der Bevölkerung, die prinzipiell weder für noch gegen das System war, „bei allmählich wachsendem Wohlstand und einem Mindestmaß an persönlichem
Freiraum von jeder Opposition abgehalten werden."[33] Weil das Wohlstands-
wachstum erst spät sichtbare Früchte trug, kam dem relativ unpolitischen
Zirkus, bei dessen Besuch man der grauen Tristesse der Nachkriegsjahre
und des DDR-Alltages entkommen konnte, so große Bedeutung zu.

Erst als mit dem (West-)Fernsehen[34], dem Bau von Wochenhäuschen
und anderen Aspekten massenhaften, individuellen Freizeitvergnügens der
gewachsene Wohlstand die nötigen privaten Freiräume schuf, schienen die
Privatzirkusse als Relikte einer verhaßten Gesellschaftsordnung überflüssig.
Ein Trugschluß, wie man im Verlauf der 70er und frühen 80er feststellen
mußte. Eine Rolle dabei mag die latente Unzufriedenheit der jungen Leute
gespielt haben, die den Krieg und den Wiederaufbau nicht erlebt hatten,
einen gewissen, im Vergleich zum Westen als unzureichend empfundenen
Wohlstand gewöhnt waren und die apathische Systemergebenheit ihrer
Eltern nicht übernehmen wollten.[35] Als in den 80ern drei neue Privatunternehmen auf DDR-Tournee gingen, war das auch ein bescheidenes Zuge-
ständnis an das verbreitete, unterschwellige Mißfallen.

---

[33] Weber, 1993, S. 39.

[34] Zwischen Januar und April 1963 registrierte die Stasi 38146 Briefe DDR-Ju-
gendlicher an westliche Starclubs sowie 2068 Hörerbriefe an Radio Luxemburg,
5138 Antwortschreiben wurden von der Stasi („Firma Horch & Greif") konfisziert.
Vgl. Staritz, 1996, S. 242 f.

[35] Ebd., S. 330 f.

III. Manegenzauber unter Hammer und Sichel

Die sozialistische Durchdringung der Zirkuskunst

„Die Zirkusleute vereinigen zwei Eigenschaften, die einzeln schon selten zu finden sind, die zusammen aber nichts in der Welt unmöglich machen: Kühnheit und Fleiß!"

Felix Salten

1. Die wilden Jahre: Trümmer-Zirkus, so gut es geht

Wurden im vorigen Kapitel in chronologischer Ordnung die Verhältnisse untersucht, mit denen Zirkusse in der DDR allgemein konfrontiert waren, so liegt diesem Kapitel eine thematische Zuordnung zugrunde. Im Mittelpunkt stehen die speziellen Ausformungen und Auswirkungen, die aus den sich ändernden allgemeinen Verhältnissen in der DDR im Bereich des Zirkus resultierten. Dabei tritt erneut eine zeitliche Bezogenheit zutage. Sie ist dadurch bedingt, daß die Stufen staatlicher Einflußnahme in logischer Folge aufeinander aufbauen. Drei Phasen bestimmen das Bild: Die Aufbauphase staatlicher Entscheidungsinstanzen, verbunden mit dem Anspruch auf staatliche Autorität auch im Bereich Zirkus, die legislative und administrative Einengung des Bewegungsraumes privater Zirkusse, die unterstützt wurde durch allgemeine fiskalische Instrumente, die mit einer Scheinlegitimität versehen waren, sowie die praktisch vollständige Kontrolle und Wertabschöpfung der privaten Lizenz-Zirkusse.

Wie das vorige Kapitel gezeigt hat, war die Kultur für die sowjetischen Besatzer, die sich ansonsten im Verhalten gegenüber der deutschen Bevölkerung einen weniger guten Ruf erworben haben, ein bewußt eingesetztes Mittel zur Sympathiewerbung. Ideologische Gesichtspunkte wurden dabei pragmatisch zurückgestellt. Die deutschen Kommunisten sahen 1945 ihre Chance, umgehend und in allen gesellschaftlichen Bereichen dem Sozialismus auf deutschem Boden zum Sieg zu verhelfen. Obwohl beide Seiten dasselbe Ziel verfolgten, war der eingeschlagene Weg vor allem in der Alltagsarbeit umstritten.

Das eigentliche Sagen hatte die SMAD, und diese setzte deutliche Prioritäten. Sie war bei aller revolutionären Ungeduld vor allem an Stabilität, sprich einer stabilen Herrschaft innerhalb der SBZ, interessiert. Die Kontrolle und Umorganisation des Zirkuswesens im sozialistischen Sinne war dafür zunächst nicht erforderlich, weshalb man auf die Eröffnung eines Nebenkriegsschauplatzes verzichtete, ja die Zirkusse vor dem Eifer der deutschen Genossen sogar in Schutz nahm.

Es ist damit nicht der vielfach beschworenen Zirkusliebe der russischen Kommandanten, die es durchaus gegeben haben mag, zu verdanken, daß die Zirkusse sich zunächst weitgehend unbehelligt entwickeln konnten. Entscheidend war, daß Zirkusvergnügen im Rahmen der bereits angesprochenen Neutralisierungsstrategie als stabilisierendes Element die Bevölkerung von dem überall spürbaren Mangel und den schmerzhaften Umwälzungen der Nachkriegszeit ablenken konnte. Wie intensiv gerade kleine Zirkusse, bei denen die Kontaktschwelle generell besonders niedrig ist, als individueller Freiraum empfunden wurden, demonstriert anschaulich ein Zeitungsbericht aus Berlin, der deshalb in epischer Länge vorgestellt wird:

Manegenzauber auf dem Alex

Der Alex hat eine neue Attraktion. „Wat heest hier HO?" meint ein etwa achtjähriger Steppke über die Schulter weg, als ihn ein Herr scherzhaft fragt, ob er nicht lieber drüben am Kaufhaus in die Schaufenster gucken oder den Arbeitern beim Wiederaufbau des Hochhauses zusehen will. Denn da, auf dem sauber abgeräumten Ruinengrundstück zwischen der Prenzlauer Straße und der Neuen Königsstraße gibt es doch viel Interessanteres, ja beinahe Aufregendes zu sehen: da hat ein Zirkus seine Zelte aufgeschlagen. „Zirkus Frankello. Manegenzauber – 100 Prozent Zirkus", so werben und locken die bunten Plakate – „70 edle Pferde – Elefanten – Kamele! Überzeugen Sie sich selbst!"

Im weiten Geviert sind die Wohn- und Transportwagen aufgefahren, und mittendrin erhebt sich ein Zelt, ein richtiges großes Zirkuszelt, von vier Masten getragen. Dahinter schließen sich niedrigere Zelte an, in denen die Tiere untergebracht sind.

Kaum einer unter den Vorübergehenden, der nicht für eine Weile stehenbleibt und dem Treiben innerhalb des kleinen Zaunes zuschaut. Täglich ab 10 Uhr ist Tierschau: das ist etwas für die Kinder, die zwischen den Zelten umherhüpfen, zu den Pferden hineinschauen, das kleine Pony streicheln, nach den Gänsen suchen, deren Geschnatter von irgendwo ertönt, und sich gegenseitig mit Zureden auf die interessantesten Dinge hinweisen.

An einer abseitigen Ecke füttert ein kleiner Bursche eine Ziege mit Mohrrüben, die er wohl gerade für Mutter eingekauft hat. Als sich Erwachsene hinzustellen und ihm zuschauen, wird er ein bißchen verlegen, setzt ein entschuldigendes Lächeln auf und dann nimmt er seine Tasche unter den Arm und läuft schnurstracks davon.

Seit Montagabend spielt der Zirkus. „Kinder nachmittags halbe Preise" steht auf der Preistafel am Kassenhäuschen: Buben und Mädel studieren aus respektvoller Entfernung, wieviel das denn wohl kostet. „Mutti ich darf doch hin", bettelt ein kleiner Blondkopf. „Mutti, du gibst mir doch Geld, ja Mutti?" Die junge Mutter guckt abweisend, aber sie wird ganz sicher doch nicht nein sagen können. **Ro.**[1]

---

[1] Zeitungsbericht, Berlin vermutlich August 1950, Archiv Winkler, Berlin.

Zwischen den Trümmern der mondänen Vorkriegsmetropole vermochte die Manege mit ihren bescheidenen Sensationen Menschen wirklich zu verzaubern. Kriegskinder, die Zirkusse nicht kannten, erlagen ihrem exotischen Charme, Ältere ebenso, die sich der „Goldenen Zwanziger" erinnerten und auf bessere Zeiten hofften, selbst der Reporter, der mit unverhohlener Neugier – und wohl mit leuchtenden Augen – diese Szene eingefangen hat.

Die Bedeutung des bunten Zirkustreibens für die Stimmung in der Bevölkerung läßt sich kaum überschätzen, wenn man die ökonomische Situation der Menschen in Rechnung stellt. Die Produktion der Konsumgüterindustrie hatte noch 1952 nicht die Vorkriegszahlen erreicht. Fleisch, Fett und Zucker wurden noch bis weit in die 50er Jahre rationiert abgegeben und mußten aufgrund der geringen Zuteilungsmengen für horrende Preise in den Läden der Handelsorganisation (HO) zugekauft werden. Verdiente ein Arbeiter 1951 im Durchschnitt unter 312 Mark, so kostete beispielsweise ein kg Zucker im HO-Laden 12 Mark, ein kg Butter 24 Mark.[2]

Die Kosten für Kultur, zumal für den Zirkusbesuch, waren dagegen eher gering. Schon für 2–3 Mark konnte man sich einige Stunden Urlaub vom Alltag unter dem Zirkuszelt gönnen, ein Angebot, das rege genutzt wurde. Klaus Hallmann, gebürtiger Berliner, erlebte diese Zeit als Oberschüler: „Es war unwahrscheinlich viel los und trotzdem immer voll. Es gab keine Vorstellung, die nicht ausverkauft war. Schon ab 1946 war gerade in Berlin reges Leben. Da standen vier Großzirkusse, die sind nicht einmal gereist – der Circus Barlay, Circus Blumenfeld – das war eine jüdische Familie – der Circus Gnidley und dann etwas später, 1947, der Circus Paula Busch. Der hat 1946 noch ohne Zelt gespielt, als Arena Astra im Zoo, 1947 dann mit Zelt. Die Programme der Großen waren sehr schön. Die hatten Pferdedressuren und große Raubtier-Nummern und teilweise Elefanten. Bei den kleinen Zirkussen, die auch schon alle gespielt haben, sah es schon miserabel aus. Die Männer waren ja größtenteils von der Wehrmacht eingezogen worden und kamen erst allmählich wieder. Engagierte Artisten gab es da nicht. Die haben alles aus der Familie heraus gemacht."[3]

Die politische Aufteilung der Stadt spielte im kulturellen Bereich in den Anfangsjahren keine Rolle. „Wir Berliner haben die Trennung in Ost und West zuerst nicht als wirkliche Barriere empfunden. Ab 1949 vielleicht etwas mehr, als die verschiedenen Währungen eingeführt wurden, da schon eher."[4] Theater, Zirkusse und Kinos hätten auch danach die Eintrittskarten im Kursverhältnis 1:1 verkauft, erinnert sich Hallmann, obwohl der Tauschkurs sonst bei 1:6 oder 1:7 gelegen habe. Auf den Werbetafeln der S-Bahn

---

[2] Vgl. Weber, 1993, S. 36.
[3] Hallmann, Klaus, Waldkraiburg, im Interview am 22./23.2.1999.
[4] Ebd.

sei auch im Osten für die großen West-Zirkusse Althoff oder Williams geworben worden, die später zu Gastspielen nach Westberlin kamen und umgekehrt.

Präsentierten die Zirkusse ihren Besuchern eine heitere Fassade fröhlicher Ausgelassenheit, so sah es hinter den Vorhängen und im Sattelgang zumal der kleinen Zirkusse nach dem Krieg weniger rosig aus, schlug für fast alle doch die Stunde des totalen Neubeginns. „Dabei hatte ich nicht einmal eine Uhr, als ich nach meiner Heirat im September 1945 bei Dessau loszog. Ich hatte mir Wagenbretter geholt vom Sägewerk und mir eine Manege zusammen gezimmert. Die Nägel habe ich mir vom Munde abgespart. Ich habe die da geholt, wo ich gejobbt habe und ein Stück Brot dafür gegeben oder Margarine oder etwas Hammelfleisch. Ich hatte damals zehn Hammel. Die Verwandtschaft meiner Mutter hatte ein Elektrogeschäft. Da habe ich eins meiner Pferde gegen ein Radio getauscht, damit ich Musik machen konnte. Das darf man gar keinem erzählen. Das ist ein Witz. Eigentlich hatte ich auch eine goldene Uhr vom Vater, aber die habe ich verpfändet gegen Gartenstühle."[5] Mit seiner ersten Frau Vera, geborene Scholl, einem Lehrmädchen, einem rechnenden Pony und einer gehörigen Portion Improvisationstalent und Ausdauer fing Rudolf Probst unter freiem Himmel mit seinem Zirkus an. „Die Leute mußten mir sagen, wann es Zeit für die Vorstellung war, weil ich ja keine Uhr hatte."[6]

Probst ist beileibe kein Einzelfall. Die Mehrzahl der kleinen und kleinsten Zirkusunternehmen dürfte nach 1945 so begonnen haben. Viele Betreiber stammten aus alten Schausteller-Familien, die seit Generationen ihre Tricks und Nummern tradiert hatten. Mit engen Kontakten und vielfältigen familiären Verbindungen untereinander verknüpft, bildeten sie – und bilden noch heute – eine relativ homogene Subgesellschaft mit eigenen Kommunikationsstrukturen, Arbeitsmethoden und Moralvorstellungen. Zwar gelang es immer wieder einzelnen Einsteigern, sich in diese Szene zu integrieren. Ihrem Wesen nach schottete sie sich jedoch nach außen ab und reagierte deshalb besonders empfindlich auf die Bemühungen staatlicher Einflußnahme, die letztendlich die Zerschlagung der eigenständigen und damit nicht sozialismuskonformen Subkultur zum Ziel hatten.

Für diese Menschen war Zirkus kein Spleen wie für heutige Aussteiger, es war eine ökonomische Notwendigkeit, und es war im wahrsten Sinne des Wortes Lebensinhalt. Oft ohne umfassende Allgemeinbildung oder einen erlernten Beruf, blieb den Fahrenden nichts übrig, als ihre artistischen Talente zur Schau zu stellen, zumal sie das Leben an einem festen Ort nicht gewohnt waren. Im Unterschied zu späteren Generationen von DDR-Arti-

---

[5] Probst, Rudolf, Staßfurt, im Interview am 25.1.1999.
[6] Ebd.

sten, die sich aus allen Teilen der Gesellschaft rekrutierten, war den meisten Zirkusleuten der ersten Stunde ein anderes Leben nicht vertraut. Es stand damit für sie nicht zur Debatte, ob sie nach dem Krieg wieder Zirkus machen würden, sondern allenfalls wann. Die ökonomische Notwendigkeit, Geld zu verdienen, ließ sie möglichst früh wieder auf Tournee gehen. Rudi Sperlich vom Circus Hein: „Es hat ja keiner Geld gehabt. Da haben sie dann gespielt für Essen oder irgendwelche Tauschwaren."[7]

Durch die Kriegseinwirkungen hatten viele Zirkusse materiell erheblich gelitten. Neben Verlusten durch Futtermangel oder Bombentreffer hatten bereits die Nationalsozialisten viele Fahrzeuge und Pferde beschlagnahmt, bzw. deren Besitzer zu Fuhrdiensten für die Wehrmacht oder etwa das Winterhilfswerk verpflichtet. Die einrückende Rote Armee setzte diese Praxis fort. „Anderen Zirkussen haben sie die halben Geschäfte weggenommen. Wir hatten Glück. Mein Onkel hat vier Rappen gehabt, die hatten alle vier weiße Fußfesseln – eine Besonderheit. Die haben einem Russen so gut gefallen, daß sie beschlagnahmt wurden. Mein Onkel hat die Tiere erst Jahre später zurückbekommen."[8]

Viele der kleinen Unternehmen reisten in den Anfangsjahren mit dem Wandergewerbeschein, der auf der Grundlage der Gewerbeordnung von 1869 erteilt wurde. Ausgebende Stelle war das Gewerbeamt des Kreises, bei dem der Gewerbetreibende gemeldet war. Der Wandergewerbeschein war nach Neugründung der Länder 1945 bzw. 1947 grundsätzlich im jeweiligen Land gültig. Die Genehmigung wurde nicht nur für als Artisten tätige Schausteller ausgegeben, sondern auch für Händler oder Wandergastronomen, enthielt allerdings eine nähere Bezeichnung des Gewerbes. Ein Nachweis künstlerischer Befähigung mußte nicht erbracht werden. Von zentraler Stelle fand zunächst keine Kontrolle statt; entsprechende Institutionen waren noch nicht eingerichtet. Wie noch heute mußten die Zirkusbetreiber zusätzlich jeweils eine Spielerlaubnis bei der Stadt- oder Gemeindeverwaltung einholen.

Schon bald, spätestens 1952, trat neben den Wandergewerbeschein die „Zulassung für Veranstaltungen", die von der Verwaltung für Kunstangelegenheiten im Amt für Information des jeweiligen Landes ausgegeben wurde, und die den Gewerbeschein schließlich ersetzen sollte. Obwohl dezentral ausgegeben, bestand dennoch seit Gründung der Staatlichen Kommission für Kunstangelegenheiten 1951 von deren Seite eine starke zentrale Lenkung bei der Zulassung oder Nicht-Zulassung von Unternehmen.[9] Nach

---

[7] Sperlich, Rudi, Meltendorf bei Elster, im Interview am 26.1.1999.

[8] Ebd.

[9] Vgl. Schreiben der Staatl. Kunstkommission an Landesreg. Thüringen bezgl. Zulassung Circus Baruk, o. Dat., BArch, DDR 1, 6051.

Auflösung der Länder im Juli 1952 wurden die Zulassungen von den Kulturverwaltungen der 14 Bezirke ausgegeben. Mit Gründung des Kulturministeriums 1954 dürfte das Lizenzverfahren zentral von dessen Abteilung Darstellende Kunst und kulturelle Massenarbeit bearbeitet worden sein.[10] An einer Zulassungsurkunde des Circus Milano, 1952 ausgestellt von der Landesregierung Sachsen in Dresden[11], läßt sich bereits deutlich erkennen, daß mit diesem Verfahren Möglichkeiten administrativer Einflußnahme auch gegenüber den kleinen Zirkussen installiert wurden. Zunächst war die Zulassung zeitlich begrenzt, in diesem Fall auf das erste Halbjahr 1952, faktisch gültig jedoch nur für gute vier Monate, da sie erst Mitte Februar ausgestellt wurde. Das bot die Möglichkeit, die Zulassung nach Ablauf schlicht nicht zu verlängern, womit dem Zirkus die Existenzmöglichkeit entzogen wurde, ohne ein aufsehenerregendes Verbot auszusprechen. Neben der raschen Eingriffsmöglichkeit stellte allein die kurze Genehmigungsdauer eine Schikane dar, lief die Zulassung doch mitten in der arbeitsintensiven Reisesaison aus und mußte neu beantragt werden. Selbst wenn bei anderen Unternehmen die Zulassung für eine komplette Saison ausgestellt wurde, verfügten die Zirkusse kaum über die Planungssicherheit, die sie zu solider Tourneeplanung brauchten.

Schon zu diesem Zeitpunkt sollte die Expansion der Unternehmen entsprechend ihrem wirtschaftlichen Erfolg offenbar gestoppt, zumindest gebremst werden. So wurde in der Zulassung die Höchstzahl der Mitwirkenden genau festgelegt, beim Circus Milano etwa auf 15 Personen, womit, die Familienmitglieder abgezogen, kaum Fremdkräfte beschäftigt werden konnten. Die von staatlicher Seite ständig erhobene Forderung nach Verbesserung der künstlerischen Qualität bekommt einen schalen Beigeschmack, wenn im selben Schritt die Einstellung zusätzlicher Mitarbeiter, also auch Artisten, unterbunden wird.

Anders als der Wandergewerbeschein wurde die Zulassung für Veranstaltungen erst nach inhaltlicher Abnahme des Programms durch eine Kommission der ausstellenden Stelle erteilt und war ausdrücklich nur für das abgenommene Programm gültig. Veränderungen im Programm, wie sie bei Zirkussen durch Ausfälle von Tieren oder Artisten immer wieder vorkamen, waren damit nach den statischen Vorgaben der Behörden strenggenommen nicht erlaubt; ein Umstand, um den sich die Zirkusdirektoren in der Praxis allerdings kaum kümmern konnten.

---

[10] Spätestens 1956 war die zentrale Lizensierung verpflichtend. Vgl. Mitteilung Nr. 12, Zugelassene Privatunternehmen auf dem Gebiete des Zirkus und Varietés für die Sommersaison 1956, in: Verfügungen und Mitteilungen des Ministeriums für Kultur, Berlin Nr. 4, 1.4.1956, S. 3 f.

[11] Müller-Milano, Vilmos, Zulassung für Veranstaltungen des Landes Sachsen vom 24.2.1952, im Archiv Mario Müller-Milano, Dresden.

Die Zulassung behielt der Administration auch ohne Umwege über eine artistisch-qualitative Argumentation die Möglichkeit zum direkten Einschreiten vor. In den Zulassungsbedingungen heißt es unter Ziffer 8: „Die Zulassung kann widerrufen werden, wenn Tatsachen vorliegen, aus denen sich ergibt, daß der Inhaber die für die Ausübung der angeführten Tätigkeit erforderliche künstlerische oder politische Eignung oder Zuverlässigkeit nicht besitzt, daß er gegen das moralische Empfinden und den Anspruch des Volkes auf künstlerische Leistung verstoßen hat."[12]

Diese Formulierung war unbestimmt genug, ein staatliches Eingreifen in jedem Fall zu legitimieren. In der Praxis bediente man sich eher anderer Methoden. Den Lizenznehmern war die latente Drohung aber wohl Warnung genug, den labilen Burgfrieden durch vorauseilenden Gehorsam möglichst zu erhalten.

Wer keine Zulassung bekam, versuchte, weiter mit dem Wandergewerbeschein zu reisen. Allerdings sollten nach Mai 1955 keine neuen Wandergewerbescheine für Zirkusse mehr ausgegeben werden. In einer Amtsdrucksache klagt das Kulturministerium, daß 1956 einzelne Unternehmen noch mit dem Wandergewerbeschein reisten „und sich so unserer Kontrolle entziehen".[13]

Gerade in den ersten Nachkriegsjahren konnten gute Kontakte zur Roten Armee bzw. der russischen Militäradministration der SBZ den Zirkusbesitzern Vorteile verschaffen. Bekannt ist, daß viele Geschäfte vor Einheiten der Roten Armee spielten, so die Circusse Proscho. Roselli oder auch Aeros, und sich damit Sympathien erwarben. Harry Barlay sprach fließend polnisch, Cliff Aeros russisch. Letzterer war den Russen durch seine Sensationsnummern als Todesspringer bestens bekannt, er war schon 1925 in der Sowjetunion engagiert. Wer geschickt agierte, konnte die sowjetische und die deutsche Administration gegeneinander ausspielen, indem er stets mit der Seite kooperierte, die am ehesten die eigenen Vorstellungen verfolgte. So gelang es besonders den drei Großen, den Einfluß auf ihre Geschäftsentwicklung praktisch zu neutralisieren. Diese Fähigkeit erklärt ebenfalls, warum sich die meisten Zirkusse der SBZ nicht schon in den ersten Nachkriegsjahren dem Einfluß der Kommunisten entzogen. Zwar hätten sie zu keinem Zeitpunkt die Zonengrenze der SBZ mit ihren kompletten Geschäften legal überschreiten können, doch gab es Mittel und Wege, auf illegalem Wege mit dem wertvollsten Besitz die Grenze zu passieren, wie an späterer Stelle gezeigt wird. Solange die ideologischen Phrasen der wirtschaftlichen Entwicklung nicht ernsthaft im Weg standen, bestand dazu kaum Anlaß.

---

[12] Ebd.

[13] Vgl. Mitteilung Nr. 13, Überprüfung der privaten Unternehmen auf dem Gebiet des Zirkus und Varietés, in: Verfügungen und Mitteilungen des Ministeriums für Kultur, Berlin Nr. 4, 1.4.1956, S. 4.

Harry Barlay ist für diese Taktik das wohl deutlichste Beispiel. 1946 wollte er im Ostsektor der Hauptstadt gastieren. Weil der Magistrat diesem Ansinnen offenbar skeptisch gegenüberstand, die bereits gastierenden anderen Unternehmen hatten protestiert, weil sie die Konkurrenz des fast unzerstörten Zirkus fürchteten, wandte er sich direkt an die Kulturabteilung der russischen Besatzer.

Am 9. Februar beugte sich der Magistrat: „Nach den bei uns vorliegenden Unterlagen hat die Zentrale Kommandantur der Roten Armee für Berlin dem Circus Barlay die alleinige Spielerlaubnis in der sowjetischen Besatzungszone Berlins (…) zugesichert."[14] Auch wenn aus der Exklusivität vorerst nichts wurde, Barlay zog triumphal in die Metropole ein.

Allerdings wurden in Berlin kulturelle Institutionen nicht nur besonders gefördert, sondern auch besonders überwacht. So mußte von Anfang an jedes Circusprogramm sowohl vom Magistrat, als auch von der sowjetischen Kulturabteilung genehmigt werden, bei den monatlich wechselnden Darbietungen ein erheblicher Aufwand. Doch selbst noch im gereizten Klima des beginnenden Kalten Krieges, als die SMAD sich aus den innergesellschaftlichen Belangen bereits auszuklinken begann, wußte Barlay, sich die Besonderheiten der Doppeladministration zur Erlangung gewisser Freiräume nutzbar zu machen. Die einsetzende Kollektivierung und Verstaatlichung der Wirtschaft warf auch in der Unterhaltungsbranche ihre Schatten voraus. Barlay setzte, teils in Ermangelung neuer zirzensischer Nummern, teils als Reaktion auf den Geschmack des Publikums, auf die damals beliebten Revuen. Damit wurde er eine ernst zu nehmende Konkurrenz für das volkseigene Varieté Friedrichstadtpalast. Kurt Bork, Abteilungsleiter im Hauptamt Kunst, vermerkte, nach Ansicht der SED-Landesleitung und der Zentralkommandantur sei es ihre Aufgabe, einen gemeinwirtschaftlichen Betrieb vor einem privatkapitalistischen zu schützen,[15] eine Argumentation, die in den 50er Jahren zwar selten laut ausgesprochen wurde, aber dennoch immer dann das Handeln bestimmen sollte, wenn private Zirkusse eine kritische Größe überschritten. Bork selbst war anderer Meinung: „Im übrigen wurde dem Landesvorstand bedeutet, daß die von uns geforderte Haltung sehr schwer zu rechtfertigen sei, da es nicht Aufgabe der Verwaltung sein kann, für andere Unternehmen die Konkurrenz zu beseitigen, in diesem Falle sogar um den Preis der Behinderung der besseren Veranstaltung. Der Friedrichstadtpalast sollte Anstrengungen machen, so gut oder besser als der Circus Barlay zu sein, dann würden sich alle Schwierigkeiten in dieser Richtung von selbst erledi-

---

[14] Circus Barlay, Vorgang der Magistratsverwaltung für Volksbildung Berlin 1945–51, LAB C Rep. 120, Nr. 1674, Bl. 91.

[15] LAB C Rep. 120, Nr. 1674, Bl. 41.

gen."[16] Dem politischen Druck der SED mußte sich die Verwaltung jedoch beugen. Als Bork dementsprechend eine Verlängerung des Barlay-Programms vom Mai 1949 wegen seines Revuecharakters abzulehnen beabsichtigte, erhielt er einen Brief, triefend vor Schadenfreude, geschrieben von Barlay-Geschäftsführer Günter Hennig: „... gestatte ich mir, Ihnen mitzuteilen, daß ich bereits (...) Gelegenheit hatte, Herrn Major Kusmenkow von der Kulturabteilung der Zentralkommandantur zu sprechen. Er hat mir liebenswürdigerweise die Genehmigung erteilt, die z. Zt. laufende Manegen-Show ‚Berlin einst und jetzt' bis zum 19. Juni zu spielen. (...) Mit dem Ausdruck meiner vorzüglichen Hochachtung..."[17]

Mit Gründung der DDR gingen diese Möglichkeiten verloren, als die sowjetische Führung zwar weiterhin bis zu Einzelheiten der Staatsorganisation den Kurs vorgab, die SMAD als direkter Verhandlungspartner jedoch nicht mehr zur Verfügung stand. Insofern war Barlays Sieg im Juni 1949 ein wahrer Pyrrhussieg, ein Aufschub von kurzer Dauer.

Entsprechend giftete Kurt Bork, der später in der Staatlichen Kunstkommission, danach im Kulturministerium die Umformung des Zirkuswesens mit organisierte, in seinem Antwortbrief: „Wir halten es aber für notwendig, Sie darauf aufmerksam zu machen, daß die von Ihnen geübte Methode nicht geeignet ist, Schwierigkeiten und Komplikationen zu vermeiden, um die störungsfreie Zusammenarbeit sicherzustellen."[18] Wer zuletzt lacht, lacht am besten. Die Sozialisten hatten – wie sich gegen Ende der „wilden Jahre" am Beginn des neuen Jahrzehntes bereits deutlich abzeichnete – ihre eigenen Vorstellungen von Humor.

2. Der Staat übernimmt das Kommando: Verrechtlichte Lenkung des Spielbetriebs

„Es muß daher auch endlich Schluß gemacht werden mit jenen Sprechnummern, (...) die, den Begriff der Satire verkennend, sich im Negieren alles Neuen erschöpfen – die negativen Erscheinungen im westlichen Deutschland entgehen ihnen seltsamerweise – und es ängstlich vermeiden, über das Positive in unserem Arbeiter- und Bauernstaat zu sprechen. (...) Kritik soll nicht um der Kritik willen geübt werden, sondern sie soll aufbauend und fördernd sein!"[19]

---

16 Ebd.
17 LAB C Rep. 120, Nr. 1674, Bl. 48.
18 LAB C Rep. 120, Nr. 1674, Bl. 45.
19 Neumann, Harry-Heinz, Artistenüberprüfung. Das Gebot der Stunde, Artistik Nr. 4/1955, S. 1.

Kritik sollte möglichst überhaupt nicht geübt werden am eigenen System in diesen Jahren des argwöhnischen Beäugens von West und Ost. Neben den Conférenciers, von denen ein Großteil in den 50er Jahren noch aus Westdeutschland stammte, gerieten vor allem die Clowns ins Fadenkreuz der sozialistischen Ideologen.

In ihren Entrées und Reprisen ließen sich politische Anspielungen gegen die SED verstecken. Der Weißclown mit dem dummen August war den Sozialisten geradezu Sinnbild der Ausbeuterbeziehung von Herr und Knecht. Die bunt geschminkten Spaßmacher waren verpönt als Auswüchse der Dekadenz. Ihre zumeist simpel gestrickte Ironie versuchten die Funktionäre unter dem euphemistischen Schlagwort von der „Humanisierung der Clownerie"[20] handfest ideologisch aufzuladen. Die Clownerie sollte zum probaten Mittel sozialistischer Propaganda werden: „Unsere Clowns sollen im Rahmen der Spezifik ihrer Kunst gewiß zu erkennen geben, daß sie mit beiden Beinen auf dem Boden der sozialistischen Gesellschaft stehen, d.h. echte Menschheitsideale vertreten."[21] Doch beim Publikum waren die alten Tolpatsche beliebt. Eben darin bestand das Dilemma, denn ohne Zwang mochte kein privater Zirkusdirektor seine klassischen Clowns durch klassenkämpferische Besserwisser ersetzen.[22]

Es liegt auf der Hand, daß sich inhaltliche Einflußnahme, die in der Clownerie den ergiebigsten Ansatzpunkt fand, in verstaatlichten Zirkussen, die direkter politischer Kontrolle und Weisung unterstanden, wesentlich bequemer umsetzen ließ, was ein zirkusspezifischer Grund für die Verstaatlichung der Groß-Unternehmen gewesen ist. Um auch die privaten Zirkusse vor den Karren sozialistischer Umgestaltung zu spannen, bedurfte es wirkungsvoller Drohkulissen und vor allem administrativer Einflußmöglichkeiten. Solange die Zirkusse dezentral lizensiert und überwacht durch die DDR zogen, gab es für die Direktoren Schlupflöcher genug, bei oberflächlich bekundeter Zustimmung zu den gesellschaftlichen Veränderungen ihr Geschäft in hergebrachter Art und Weise fortzuführen. Die Verrechtlichung des Spielbetriebes, die sich in den 50er Jahren vollzog, ist daher neben der generellen Tendenz zur Eindämmung und Verdrängung der Privatunternehmer auch unter dieser inhaltlichen Komponente zu sehen.

Allerdings darf nicht sämtlichen Zirkusmitarbeitern und Artisten eine passive Opferrolle zugebilligt werden. Die Verschärfungen der Bedingungen für private Zirkusse geschahen nicht im luftleeren Raum, wurden der Szene

---

[20] Günther/Winkler, 1986, S. 233.

[21] Netzker, Otto, Ist's Neid, was sie erregt? (Interview), Nr. 10/1960, S. 10.

[22] Trotz der Einflußmöglichkeiten durch die Verstaatlichung scheiterte die Gestaltung eines neuen Clown-Typs. Wie Günther/Winkler resümieren: „gelang es nicht, eine grundlegende Wende herbeizuführen.", 1986, S. 261.

nicht von oben übergestülpt wie eine Käseglocke. Wie Artisten beklagten, war das Interesse der Politik an diesem Genre insgesamt eher gering. Im Bereich Film und Bildender Kunst, vor allem aber im Bereich der Literatur, ließen sich, so glaubten die meist wenig künstlerisch beleckten Funktionäre, viel größere Ideologisierungserfolge erwarten.

Im Zirkusbereich gingen die Forderungen nach Veränderungen im Kontext der vorgezeichneten gesellschaftlichen Entwicklung vielfach aus den Kreisen der Artisten selbst hervor, die sich durch staatliche Kontrolle und Einschränkungen Verbesserungen ihrer persönlichen Arbeits- und Lebensbedingungen erhofften. Neumann schreibt 1955 in der Erstausgabe der Fachzeitschrift „Artistik", die „fortschrittlichen Artisten" stellten bereits seit mehreren Jahren die Forderung nach Überprüfung ihrer Reihen, um „damit die Spreu vom Weizen zu sondern".[23]

Es war allerdings nie die Mehrheit der alten Artisten, zumal nicht deren Elite, die sich den sozialistischen Forderungen verbunden fühlte. Die Mitglieder der alten Zirkus-Familien waren zumeist völlig unpolitisch und hatten überdies kein Interesse an Veränderungen. Sofern sie in ihrer Arbeit nicht über Gebühr behindert wurden, verharrten sie zumeist in passiver Erduldung, viele entzogen sich durch Flucht oder Berufsaufgabe.

Das ideologische Engagement geschah in vielen Fällen eben keineswegs aus altruistischer Systemloyalität oder -überzeugung. Besonders im Bereich der Artistik gelangten viele systemtreue Funktionäre während der 50er und frühen 60er Jahre zu hohen Posten, die sie aufgrund fehlender fachlicher Vorbildung normalerweise nicht oder nicht so schnell hätten besetzen können. Die Aussonderung oder Vertreibung kritischer Artisten oder Zirkusbesitzer und Artisten sorgte für einen starken Personalsog, der viele politisch aktive Seiteneinsteiger auf der Karriereleiter hochkatapultierte. Regina Moschek, unter dem Künstlernamen „Marcella Regina" in der DDR bekannte Artistin, später Raubtierdompteurin beim Circus Aeros, erinnert sich: „Viele der neuen Führungskräfte, vor allem nach der Zusammenlegung zum VEB Zentralzirkus, hatten mit Zirkus vorher nichts zu tun. Das waren alles SED-Kader." Sie berichtet, der neue Aeros-Direktor Karl Langenfeld habe Mitte der 50er Jahre die Elefanten vorgeführt, auf denen sie damals ritt und Kunststücke vorführte. „Der konnte mit der Peitsche nicht umgehen. Ich bekam immer wieder Striemen am Körper, weil er mich versehentlich getroffen hatte."[24]

Über eine ähnlich aussagefähige Begebenheit wenige Jahre später, als Langenfeld zum anerkannt kompetenten Direktor herangewachsen war, berichtet Hans-Herbert Bommer, von 1957 bis 1960 Pressesprecher bei Aeros

---

[23] Neumann, Artistik Nr. 4/1955, S. 2.
[24] Moschek, Regina, Berlin, im Interview am 21.1.1999.

und selbst SED-Mitglied. Über eine Sitzung im Kulturministerium notiert er, der dortige Abteilungsleiter Otto Netzker habe den Sinn umfänglicher Tiernummern angezweifelt und gefordert: „Erziehen sie ihre Clowns! (...) Nur mit dem Wort läßt sich Politik machen!" Langenfeld habe erwidert: „Sagen Sie das nicht. Wir sind im ,Aeros' jetzt dabei, unseren Elefanten sozialistische Handstände beizubringen und" – während Netzker schon interessiert aufgehorcht habe – sei Langenfeld fortgefahren „was unsere sibirischen Kamele betrifft...", als das Gelächter der Kollegen ihn unterbrochen habe.[25]

Bommer, der wie Langenfeld 1959 die DDR im Zorn verließ, ist sicher ein höchst subjektiver Zeitzeuge. Dennoch besteht an der mangelnden Zirkus-Erfahrung vieler Funktionäre kein Zweifel. Die Dankbarkeit gegenüber SED und Staat, die vielen diesen Aufstieg erst ermöglicht hatten, machte diese Profiteure oftmals zu treuen Anhängern und Vertretern des Systems, ein Gewinn für beide Seiten.

Insgesamt scheinen staatliche Instanzen zunächst eher zurückhaltend reagiert zu haben. Die alte Artisten-Elite ließ sich nicht beliebig austauschen. Neue Kräfte mußten erst herangezogen werden, wozu am 1.9.1956 die Staatliche Fachschule für Artistik in Berlin gegründet wurde. Der Schlag gegen die privaten Zirkusse vollzog sich daher sukzessive. Während der 50er Jahre wurde der Druck in Schüben erhöht, die mit der allgemeinen DDR-Entwicklung korrelierten, bis der Umgang mit privaten Zirkussen und Artisten Ende 1957 bis Mitte 1958 durch gesetzlich verankerte Regelungen vereinheitlicht wurde.

Bereits für die Saison 1952 hatte die Staatliche Kunstkommission die größten Unternehmen Aeros, Busch, Barlay, Nock und Baruk in einer zentralen Tourneeplanung zusammengefaßt.[26] Über die Intention dieser Maßnahme finden sich keine Hinweise. Es mag zunächst durchaus von Vorteil für die Unternehmen gewesen sein, die Gastspiele einvernehmlich so zu koordinieren, daß möglichst alle Gebiete der DDR bedient und ärgerliche Überschneidungen vermieden wurden.

Die Hilfestellung stand jedoch kaum im Vordergrund. Zweifellos entsprach es dem Planungsbedürfnis der gelenkten Wirtschaft, den Zirkussen gewissermaßen ihre Aufgabe zuzuweisen. Dafür spricht, daß schon 1956 die Lizenz nur in Verbindung mit dem durch das Kulturministerium vorgegebenen Tourneeplan gültig war.[27]

---

[25] Bommer, Hans-Herbert, Ich reiste mit dem „volkseigenen" Zirkus, Berlin (West) 1961, S. 22.

[26] Schreiben des Circus Baruk vom 21.11.1951, BArch, DDR 1, 6051.

[27] Mitteilung Nr. 12, Zugelassene Privatunternehmen auf dem Gebiete des Zirkus und Varietés für die Sommersaison 1956, in: Verfügungen und Mitteilungen des Ministeriums für Kultur, Berlin Nr. 4, 1.4.1956, S. 3.

Die schnelle Einführung der zentralen Tourneeplanung für alle Zirkusse läßt noch drei weitere Motive vermuten. Zum einen war damit ein großer Schritt getan hin zu zentraler Kontrolle, wußte das Ministerium doch jetzt zu jedem Zeitpunkt, wo sich die verschiedenen Unternehmen in der DDR befanden und konnte damit ggf. schnell eingreifen. Zum anderen sollten die volkseigenen Zirkusse vor jeder nachwachsenden Konkurrenz geschützt werden. Zwar wurde in der Öffentlichkeit stets das ungenügende Auftreten der Privatzirkusse betont, diese waren aber ebenfalls nicht auf dem Stand von 1950 stehengeblieben, hatten sich vielfach stürmisch entwickelt. Vor allem mußten sie wirtschaftlich arbeiten, was den verstaatlichten Unternehmen zu keiner Zeit gelang, wie der folgende Abschnitt III.3 noch ausführlicher zeigen wird. 1956 erklärte Hauptabteilungsleiter Bork im Kulturministerium dementsprechend unverblümt, die bestehenden Unternehmen seien in der Lage, eine ausreichende Bespielung auf zirzensischem Gebiet zu sichern, „so daß Neuzulassungen nicht notwendig" seien.[28] Zugelassen waren nach dieser Aufstellung fünf mittlere und neun kleine Privatzirkusse.

Drittens bot sich diese Lenkungsmaßnahme natürlich an als Instrument zur Benachteiligung unliebsamer Zirkusse. Wer die ertragreichen Routen an der Ostseeküste oder im Spreewald abfahren durfte, machte guten Gewinn, wem die Überland-Routen verordnet wurden, dem drohten dagegen finanzielle Einbußen. Ein rotierendes System der befahrenen Gebiete scheint es nur bei den volkseigenen Zirkussen gegeben zu haben, während bei den privaten willkürlich entschieden wurde. Vor allem die Gastspiele in großen Städten brachten Geld in die Kassen der Unternehmen. Nur hier konnte ein Zirkus mehrere Tage oder Wochen gastieren. Damit blieb mehr Zeit für Proben, und es wurden hohe Kosten für die Platzwechsel gespart. Zwar bereisten die Lizenzzirkusse vorwiegend kleinere Orte, hatten jedoch zur Verbesserung der finanziellen Ergebnisse wenn immer möglich auch Großstädte auf ihrem Plan. So spielte etwa der Mittelcircus Gebrüder Hill in der Saison 1956 in Brandenburg, Burg, Magdeburg, Bitterfeld, Leipzig, Karl-Marx-Stadt (Chemnitz) und Wittenberg.[29]

Alle Städte waren dagegen bestrebt, möglichst große Unternehmen gastieren zu lassen. Da diese inzwischen volkseigen waren, ließ sich das leicht ideologisch begründen: „Circus Renz kann hier nicht spielen, er ist ja nur privat", zitiert die „Artistik" einen Vertreter der Stadt Güstrow anläßlich Verhandlungen im Jahr 1956 und räumt ein, auch andere Privatzirkusse hätten über ähnliche Zwischenfälle geklagt.[30] Scheint die Offenheit dieser Kritik zunächst überraschend ehrlich, so ging die ganze Realität an den

---

[28] Ebd.
[29] Tourneeplan 1956, Archiv Winkler, Berlin.
[30] Söchtig-Oelschläger, K. und E., Sie werden daraus lernen müssen! Erfolg der Mittel- und Kleinzirkusse zurückgegangen, Nr. 11/1957, S. 6.

Autoren oder diese an der Realität vorbei, als sie erklärten, die Güstrower seien mit der Politik der DDR-Regierung wohl nicht recht vertraut.[31]

Das bemängelte Verhalten paßt hingegen exakt ins Bild: Im Verlauf der 50er Jahre ging das Kulturministerium dazu über, die gewinnbringenden Großstädte den inzwischen volkseigenen Groß-Zirkussen vorzubehalten. Am 7.2.1958 erklärte der stellvertretende Minister für Kultur, Alexander Abusch, diese Praxis offiziell zu geltendem Recht, als er die „Anordnung über die Zulassung von privaten Zirkussen, Freiluftschauen, Reisevarieté-Bühnen, Reisekabaretts, Puppenbühnen, Varietémarionetten-Bühnen, und Schattentheatern" erließ.

In Zulassungsbedingung 2 wurde die Gastspieltätigkeit bei den Mittelzirkussen auf Städte bis 25.000 Einwohner, bei den Kleinzirkussen auf Orte bis 5.000 Einwohner begrenzt.[32] Der gewünschte Erfolg trat nicht ein. 1963 bemängelte das Kulturministerium, die ländlichen Gebiete kämen nur in geringem Umfang in den Genuß von Zirkusgastspielen.[33] Darum durften fortan private Zirkusse nur noch in Orten bis zu einer Größe von 12.000 Einwohnern spielen; die Hälfte der Gastspiele mußte in Orten unter 5.000 Einwohnern erfolgen.[34] Damit die Zirkusse nicht trotzdem zu unerwünschter Größe heranwachsen konnten, woraus sich wiederum die Aufweichung des obigen Ausschlusses von Großstadtgastspielen hätte ergeben können, waren ihre Zelte auf 500 Sitzplätze bei Kleinzirkussen, 1.200 bei Mittelzirkussen beschränkt.[35] Bedenkt man, daß heute ein mittlerer Familienzirkus häufig ein Zelt für 1.800 bis 2.500 Personen benutzt, so wird die hemmende Wirkung dieser unscheinbaren Bestimmung leicht deutlich, zumal viele unerfahrene potentielle Zirkusbesucher bereits damals von der Zeltgröße auf die Qualität des Unternehmens geschlossen und davon instinktiv ihren Besuch abhängig gemacht haben werden.

Auch in anderen Bestimmungen zeigt sich der Knebelcharakter der Lizenzordnung. Eigenständige Aktionen zur Gestaltung ihrer Geschäftstätigkeit waren den Zirkusdirektoren fortan nicht mehr möglich. Die Erweiterung oder Einschränkung und der in Zirkus-Kreisen übliche Zusammenschluß mit an-

---

[31] Ebd.

[32] Anordnung über die Zulassung von privaten Zirkussen, Freiluftschauen, Reisevarieté-Bühnen, Reisekabaretts, Puppenbühnen, Varietémarionetten-Bühnen und Schattentheatern vom 7.2.1958, in: Gesetzblatt Teil 1, Nr. 16 vom 8.3.1958, S. 215.

[33] Anweisung über die verbesserte kulturelle Betreuung der ländlichen Gebiete und Kleinstädte der Deutschen Demokratischen Republik durch Zirkusgastspiele vom 25.10.1963, in: Weise, 1966, S. 63.

[34] Ebd. S. 63 f.

[35] Anordnung über die Zulassung von privaten Zirkussen, Freiluftschauen, Reisevarieté-Bühnen, Reisekabaretts, Puppenbühnen, Varietémarionetten-Bühnen und Schattentheatern vom 7.2.1958, in: Gesetzblatt Teil 1, Nr. 16 vom 8.3.1958, S. 215.

deren Unternehmen – der ebenfalls größere Zirkusse hätte entstehen lassen können – bedurften laut § 1 Abs. 2 einer Erlaubnis des Kulturministeriums. Die Lizenz war personengebunden (§ 2 Abs. 2), und sie erlosch nach § 5 Abs. 2 drei Monate nach dem Tod des Inhabers. Ehegatten oder Kinder mußten danach eine neue Lizenz beantragen, die aber nach § 2 Abs. 1a nur erteilt wurde, wenn ein „kulturpolitisches Bedürfnis für die Veranstaltungen" bestand. Das war bis in die 80er Jahre nicht mehr der Fall.

Wie die Zulassung für Veranstaltungen, die die Länder, später Bezirke ausgegeben hatten, war die Lizenz auf maximal ein Jahr befristet. Sie konnte jederzeit, auch nach der Ausgabe, mit nicht näher bestimmten Auflagen belegt werden, wenn das aus „kulturpolitischen Gründen" erforderlich schien (§ 2 Abs. 3).[36] Wie in der Vorläufergenehmigung behielt man sich mit § 4 Ziff. c den sofortigen Widerruf vor, wenn „der Inhaber der Lizenz nicht mehr die erforderliche gesellschaftliche, moralische oder fachliche Eignung besitzt, insbesondere gegen das moralische Empfinden und den Anspruch der Werktätigen auf künstlerische Leistungen verstößt."[37] Bei der Offenheit der genannten Bestimmungen war jede Entscheidung mit „kulturpolitischen" Erwägungen begründbar und damit scheinbar legal.

Die Möglichkeit einer juristischen Überprüfung der Entscheidungen des Kulturministeriums war nicht vorgesehen, § 1 Abs. 3 legte fest: „Die Entscheidungen sind endgültig."[38] Der Ausschluß von Rechtsbehelfen machte die Betroffenen von der Willkür der Funktionäre im Kulturministerium abhängig und entsprechend gefügig. Damit widersprach die Lizenz-Ordnung nicht nur scheinbar, sondern völlig eindeutig dem Rechtsstaatsprinzip.

Bemerkenswert ist in diesem Zusammenhang, daß die Anordnung, veröffentlicht im Gesetzblatt der DDR, in ihrem Inhalt und ihrer Wirkung Gesetzescharakter hatte, zumal eine formelle gesetzliche Regelung fehlte. Sowohl der Erlaß der Anordnung, als auch deren Anwendung erfolgte damit ohne jede übergeordnete Kontrolle oder Beschwerdemöglichkeit.

Mit dem Lizenz-Verfahren wurden die Privatzirkusse in administrativer Hinsicht schwer belastet. Jedes Jahr mußte aufs neue eine Flut von Genehmigungen eingeholt werden. Dem Lizenz-Antrag waren alljährlich beizufügen ein handgeschriebener Lebenslauf, ein polizeiliches Führungszeugnis, eine Unbedenklichkeitsbescheinigung der Abteilung Finanzen der zuständigen Kreisverwaltung, ein Nachweis der fachlichen Eignung sowie Nachweise über die Erfüllung der gesetzlichen Bestimmungen im Bereich des Arbeitsschutzes, des Bauwesens und der Hygiene.[39] Zwar waren, singulär

---

[36] Ebd., S. 214.
[37] Ebd., S. 215.
[38] Ebd., S. 215.
[39] Vgl. ebd., S. 214.

betrachtet, mit einigen Genehmigungen sachdienliche Kontrollen zum Schutz von Zirkusleuten und Publikum verbunden. In seiner Gesamtheit war dieses umfängliche Genehmigungsverfahren jedoch Teil der Zermürbungstaktik, die gegenüber den Privatzirkussen betrieben wurde.

Durch Hochschrauben der geforderten technischen und künstlerischen Standards – die Programmabnahmen fanden weiterhin alljährlich ohne Vorankündigung statt – ließen sich die privaten Zirkusse bei Bedarf leicht an den Rand der Illegalität treiben. „Zum Beispiel wurde 1968 gefordert, in einem Winter alle 30 oder 32 Wagen vollkommen neu zu technisieren – ohne staatliche Bilanzierung. Wir kriegten fünf Reifen oder zehn zugewiesen. Wir brauchten aber 100, um alle Wagen umzustellen. Wie sollten wir das machen?"[40]

Inhaltliche Einschränkungen konkreter Natur finden sich in der Lizenz-Ordnung selbst nur wenige. Zulassungsbedingung 7 verbietet Darbietungen, bei denen auf lebende Ziele geworfen oder geschossen wird[41] – Messerwerfer paßten nicht in das scheinbar so humanistische Weltbild der Sozialisten. Bedingung 6 beschränkt in Anlehnung an die „Anordnung über die Programmgestaltung von Unterhaltungs- und Tanzmusik" vom 2. Januar 1958[42] die Musikauswahl der Zirkusprogramme. 60 % der gespielten Stücke mußten fortan von Komponisten aus sozialistischen Ländern stammen. Dabei handelte es sich mitnichten um eine Art Wettbewerbsschutz heimischer Künstler vor ausländischer Konkurrenz. Im Kern ging es darum, westliche Musikströmungen einzudämmen. So durften unter den 60 % keine Werke sein, die in westlichen Verlagen erschienen waren, womit auch nonkonformistische Komponisten aus der DDR oder anderen Ostblockstaaten ausgeschlossen wurden.

Der V. Parteitag der SED vom 10. bis 16.7.1958 begründete diese Maßnahme mit einer Verschwörungstheorie der simpelsten Art, der zufolge „die Imperialisten die Einschleusung von Erscheinungen der Dekadenz als ihre Hauptmethode zur Verbreitung der ‚amerikanischen Lebensweise' im Kampf gegen die Entwicklung unserer sozialistischen Lebensweise in der Deutschen Demokratischen Republik anwenden."[43]

Die Entwicklung hatte sich abgezeichnet, war durch die Berufung Bechers zum Kulturminister 1954 kurzzeitig verlangsamt worden, um ab Ende

---

[40] Müller-Milano, Mario, Dresden, im Interview am 12.3.1999.

[41] Anordnung über die Zulassung von privaten Zirkussen, Freiluftschauen, Reisevarieté-Bühnen, Reisekabaretts, Puppenbühnen, Varietémarionetten-Bühnen und Schattentheatern vom 7.2.1958, in: Gesetzblatt Teil 1, Nr. 16 vom 8.3.1958, S. 216.

[42] Anordnung über die Programmgestaltung bei Unterhaltungs- und Tanzmusik vom 2.1.1958, in: Weise, Roland, Handbuch der Artistik und Kleinkunst der Deutschen Demokratischen Republik 1962, Pößneck 1962, S. 45 ff.

[43] Zit. nach: Jäger, 1995, S. 86.

1957 mit aller Kraft forciert zu werden. Schon im Mai 1949 war der Berliner Circus Barlay aufgefordert worden, den Auftritt des westlich orientierten „Radio-Berlin Tanzorchesters" in seinem Zirkusbau sofort abzusagen.[44] In welche Richtung sich die Unterhaltungsmusik entwickeln sollte, machte 1950 Jean Kurt Forest, Komponist der Stalin-Kantate, deutlich: „Was wir brauchen, ist eine Tanzmusik, die nicht vom amerikanischen Import beeinflußt ist. Sie muß volksliedhaft sein. (...) In der amerikanischen Tanzmusik ist die Melodie zur Floskel geworden und zerrissen, wie das ganze Leben dort. Tanzmusik muß einen flinken Rhythmus haben, der nicht Selbstzweck sein darf. Ihr Vorbild? Der Strauß-Walzer."[45]

Neben westlicher Musik sollten Ende der 50er Jahre die Auftritte westdeutscher Künstler zumindest eingeschränkt, möglichst ganz verhindert werden. Bis dahin kamen rund die Hälfte der Artisten aus Westdeutschland, „gegen Ende der 50er Jahre wurden es dann immer weniger."[46] In einer internen Dienstanweisung des Ministeriums für Kultur an den Circus Aeros vom 15.12.1957 hieß es: „In der Vergangenheit haben eine Reihe von Artisten aus spekulativen Gründen ihren Wohnsitz aus der Deutschen Demokratischen Republik bzw. dem demokratischen Sektor von Groß-Berlin nach Westberlin oder Westdeutschland verlegt. Wir betrachten diesen Schritt als Zeichen einer negativen Einstellung gegenüber unserem Arbeiter- und Bauernstaat und sehen uns daher veranlaßt, ein Auftreten dieser Artisten (...) solange zu untersagen, wie der Wohnsitz in Westberlin oder Westdeutschland erhalten bleibt." Für Artisten, die nach dem 1.11.1957 die DDR verlassen hatten, wurde ein generelles Engagementsverbot erlassen.[47]

Diese Maßnahme steht ebenfalls im Zusammenhang mit der Zügelung des Zirkuswesens durch die Installation staatlicher Kontrolle. Einerseits brachten westliche Artisten westliche Ideen in die Unternehmen, und es bestand die Gefahr, daß sie Kollegen zur Westflucht verhelfen konnten. Ihre Auftritte machten das DDR-Publikum vertraut mit den neuesten westlichen Entwicklungen in Akrobatik und Dressur, sie präsentierten Nummern, die es im Ostblock teilweise nicht gab, etwa, weil exotische Tiere absolute Mangelware oder nicht frei verfügbar waren. So konnten aus der Sowjetunion in jenen Jahren nur ganze Programme, aber keine Solo-Nummern engagiert werden. Damit entstand ein Konkurrenzdruck, dem die in der DDR verbliebenen Artisten nicht gewachsen waren.

Das Hauptziel war jedoch anders gelagert. Im wesentlichen ging es den Kulturfunktionären um die Artisten, die die DDR verlassen hatten bzw. ver-

---

44 Kürschner, Circus Zeitung, Nr. 7/1997, S. 25.
45 National-Zeitung vom 8.12.1950, zit. nach: Jäger, 1995, S. 39.
46 Moschek, Regina, im Interview am 21.1.1999.
47 Stadtarchiv Leipzig, 8318, Bl. 92.

lassen wollten. Offenbar rechnete man Ende 1957 mit einer Zunahme der Artisten, die diesen Weg gingen. Der Grund dafür war die schon länger geplante „Anordnung über die Ausstellung von Berufsausweisen für die Artistik und Kleinkunst", die am 5. Juni 1958 in Kraft trat. Hatte man mit der Lizenz-Ordnung die Zirkus-Betreiber gefügig gemacht, so sollte jetzt den unliebsamen engagierten Artisten das Genick gebrochen werden. „Man hat viele Leute kaputt gemacht damit. Es haben sich auch viele Kollegen das Leben genommen, die jahrzehntelang in der Artistik gearbeitet hatten, die gute Artisten waren. Bei vielen älteren hat man die Ideologie berücksichtigt, die kritischen hatten keine Chance. Erst später ging es dann mehr um die Qualität der Darbietungen."[48]

Wer in der DDR auftreten wollte, mußte künftig erst die Schranke staatlicher Kontrolle passieren, die in der Erteilung eines Berufsausweises durch das Kulturministerium bestand. Der Ausweis galt für höchstens fünf Jahre in einem von 36 eng definierten Arbeitsgebieten vom „Kunstpfeifer" bis zum „Sprechstallmeister".[49] Grundlage war die praktische Prüfung einer Fachkommission, die für alle Artisten unabhängig von den Programmabnahmen etwa der Lizenz-Zirkusse stattfand. In der als Anlage zur Anordnung erlassenen Prüfungsordnung wurde als Meßlatte festgelegt, der Artist müsse die Fähigkeiten und Kenntnisse besitzen, um künstlerische Leistungen zu vollbringen, die „den kulturpolitischen Forderungen und Zielen unseres Arbeiter- und Bauernstaates" entsprächen.[50] Wie die Zirkus-Lizenzen konnte man auch den Berufsausweis entsprechend § 9 „auf die Dauer oder zeitweise entschädigungslos entziehen", wenn die Leistungen des Inhabers u. a. „künstlerisch nicht mehr vertretbar" seien oder er „berufsschädigendes Verhalten" gezeigt habe.[51]

Zwar wurde dem Betroffenen und der zentralen Prüfungskommission ein Anhörrecht zugebilligt. Dem Prinzip der Rechtsstaatlichkeit dürfte diese Anordnung dennoch widersprochen haben, da sowohl die Entscheidungen der Prüfungskommission als auch der Entzug des Berufsausweises gemäß §§ 3 Abs. 5 bzw. 9 Abs. 2 endgültig und nicht anfechtbar waren. Übrigens konnte man kritischen Artisten nicht nur mit dem Entzug des Berufsausweises und damit der beruflichen Existenz drohen, sondern – in der milderen Variante – mit der Einstufung in drei Gehaltsgruppen, die ebenfalls von der Prüfungskommission vorgenommen wurde.

Ausländische Artisten bedurften laut § 10 Abs. 1 keines Berufsausweises, sondern einer Auftrittsgenehmigung, die auf die Dauer des Engagements

---

[48] Müller-Milano, Mario, Dresden, im Interview am 12.3.1999.
[49] Anordnung über die Ausstellung von Berufsausweisen für das Veranstaltungswesen vom 5.6.1958, in: Gesetzblatt Teil 1, Nr. 46 vom 28.6.1958, S. 527.
[50] Ebd., S. 528.
[51] Ebd., S. 526.

beschränkt war. Wurden sie von den verstaatlichten Zirkussen oder anderen Kulturträgern wie der Konzert- und Gastspieldirektion engagiert, galt die Einreisegenehmigung gleichzeitig als Auftrittserlaubnis (§ 10 Abs. 2). Viele Artisten, die wegen ihrer Einstellung oder aus anderen Gründen um die Ausstellung des Berufsausweises fürchten mußten, hofften offenbar, als Bundesbürger ihre Arbeit in der DDR auf diese Weise fortsetzen zu können, ein Ansinnen, dem wie gesehen bereits vorab ein Riegel vorgeschoben wurde.

Offiziell war die Prüfungskommission gemischt aus Vertretern des Kulturministeriums, der Gewerkschaft Kunst, des Zentralen Bühnennachweises, der Konzert- und Gastspieldirektion, der Fachschule für Artistik sowie weiteren externen Fachleuten, die das Ministerium und die Gewerkschaft benannten. Einer dieser Experten war bei der Abnahme 1968 in Magdeburg Rudolf Probst. Er glaubt, letztlich hätten die beteiligten Praktiker eine Alibi-Funktion ausgeübt: „Ich wollte mit dieser Sache nichts zu tun haben. (...) Wir haben es abgelehnt bei Herrn Netzker, bei denen vom Kreis und Bezirk; nun kam ein Schreiben vom Minister, sie legten Wert darauf, es hatte keinen Zweck, ich mußte hin. (...) Wenn die fragten, Ausweis oder nicht, haben alle zum Netzker geguckt. (...) Wenn die uns einladen und bezahlen unsere Fahrtkosten, dann können doch nicht alle bloß zu dem einen Clown sehen! (...) Später bin ich gar nicht mehr hingefahren."[52]

Trotz allem scheinen künstlerische Kriterien für die Bewertung der Artisten zumindest in späteren Jahren durchaus eine wichtige Rolle gespielt zu haben. SED und Regierung hatten großes Interesse an guten Artisten, solange die keine Kapitalisten waren. Wie die gezielt geförderten Leistungssportler sollten sie in einem ideologisch wenig belasteten Feld auf Festivals und West-Tourneen das Image der in der westlichen Staatengemeinschaft schlecht gelittenen DDR positiv aufpolieren.

War man im allgemeinen an hohen künstlerischen Standards interessiert, so mußten diese in Einzelfällen vor dem Parteiinteresse zurücktreten. Bei den Prüfungen bestand nämlich die Gefahr, daß insbesondere ideologisch agitierenden, künstlerisch aber fragwürdigen Conférenciers oder anderem Sprechkünstlern der Berufsausweis nicht erteilt würde. Um das zu verhindern, war in der Anordnung als Ausnahme vorgesehen: Bei „nachgewiesenen überdurchschnittlichen Leistungen" konnte laut § 3 Abs. 4 auf eine Abnahme verzichtet werden.[53] Daß mit dieser Regelung hauptsächlich die Protektion ideologietreuer Genossen verfolgt wurde, legen zwei andere Bestimmungen der Prüfungsordnung nahe: Vorschlagsberechtigt zu ihrer

---

[52] Probst, Rudolf, Staßfurt, im Interview am 25.1.1999.
[53] Anordnung über die Ausstellung von Berufsausweisen für das Veranstaltungswesen vom 5.6.1958, in: Gesetzblatt Teil 1, Nr. 46 vom 28.6.1958, S. 526.

Anwendung war gemäß § 1 Abs. 1[54] nur der Vorsitzende der Prüfungskommission, der laut § 3 Abs. 2a[55] gleichzeitig hoher Funktionär im Ministerium für Kultur war. Wie häufig von dieser Regelung Gebrauch gemacht wurde, ist nicht bekannt. Bei Mitgliedern von Privatzirkussen fand sie mit Sicherheit keine Anwendung.

3. Zirkusvergnügen von Staats wegen: Zentralisierung nach Sowjetart

„Ein Raubtier hinter Gittern zeigt unser Foto. Dieses Raubtier – ein Löwe – stammt aus dem Tiermaterial des Zirkus ‚Aeros‘, der uns morgen besuchen wird. Niemand braucht Angst zu haben, denn dicke Gitterstäbe trennen die gefährliche Bestie von den Zuschauern. Aber es gibt andere Raubtiere, viel gefährlichere Bestien, die nicht hinter Gittern gehalten werden, das sind die westdeutschen Imperialisten und ihre Handlanger in der Bonner Regierung, die gegenwärtig in Karlsruhe die Kommunistische Partei Deutschlands verbieten wollen. Diesen Bestien müssen wir das Handwerk legen und unsere Stimme gegen sie laut erheben: wir alle, und auch die Artisten des Zirkus ‚Aeros‘, die wir morgen erleben können.“[56]

In derart geistloser Art und Weise wurden Zirkusse wohl nur selten für den ideologischen Kampf herangezogen. Dennoch rückte wie gesagt während der 50er Jahre der ideologische Nutzeffekt in den Vordergrund der strategischen Überlegungen der Kultur-Funktionäre. So gehörte es wohl eher zum sozialistischen Ritual unbestimmter Selbstkritik, als der inzwischen zum Generaldirektor des VEB Zentralzirkus avancierte Otto Netzker, 1961 bezüglich der Zirkusprogramme eingestand:

„Oft waren sie nicht ungezwungen unterhaltend genug, sondern in Formen mit einer ‚Moral von der Geschicht‘ verbunden, die anderen Kunstgattungen viel besser anstehen, während sie das besondere Zirkuserlebnis einschränken.“[57] Einerseits bezog er sich damit wohl auf all zu oberflächliche Propaganda-Versuche, die das Publikum verschreckten: „So trat nicht selten das gesprochene Wort mehr als vertretbar in den Vordergrund. Die Manege wurde bisweilen sogar zur Agitpropbühne.“[58] Andererseits setzte er

---

[54] Ebd., S. 528.

[55] Ebd., S. 525.

[56] Zeitungsbericht 1956, zit. nach: Bommer, 1961, S. 9. Die KPD wurde am 17.8.1956 vom BVerfG für verfassungswidrig erklärt. Kurz zuvor dürfte der Text entstanden sein.

[57] Netzker, Otto, Wo stehen wir, wohin gehen wir?, Nr. 7/1961, S. 3.

[58] Netzker, Otto, Der volkseigene Zirkus der Deutschen Demokratischen Republik, in: Helga Bemmann (Red.), Die Artisten. Ihre Arbeit und ihre Kunst, Berlin (Ost) 1965, S. 224.

sich damit ab von den Versuchen seiner Vorgänger, die Programme in märchenähnliche Geschichten oder Revuen verpackt hatten, ein Unterfangen, das dem sozialistischen Realismus zuwiderlief.[59]

Auch wenn Netzker betonte, man wolle allein klassische Zirkuskunst zur Unterhaltung der Menschen machen,[60] glaubt Bommer, das ZK der SED habe sich in Anbetracht der großen Zuschauerresonanz nach entsprechend straffer Ausrichtung der Zirkuskunst um jeden Preis als massenwirksamem, bewußtseinsbildendem Faktor bedienen wollen. Zu diesem Zweck sei in Anlehnung an die Entwicklungen der anderen Ostblockstaaten die Errichtung einer Zirkus-Zentrale forciert worden.[61]

Am 1.1.1960 wurde tatsächlich der VEB Zentralzirkus gegründet, in den die vorher kommunalen Betriebe Barlay und Busch eingegliedert wurden,[62] exakt ein Jahr später wurde auch der Leipziger Circus Aeros als selbständiger Betrieb aufgelöst.[63] Schon die Namensgebung des neuen Betriebes zeigt die mangelnde Sensibilität der beteiligten Funktionäre. Einen sperrigeren, einen zirkusuntypischeren Namen hätten sich die SED-Kader kaum ausdenken können.[64]

Obwohl die Problematik zunächst außerhalb des Buchthemas angesiedelt scheint, bedarf die Entwicklung, die in dieser Zentralisierungsmaßnahme endete, einer Darstellung. Aus drei Gründen: Einerseits wurde der VEB Zentralzirkus – hier war der Name Programm – das zentrale Bindeglied im Verhältnis zwischen Staatsorganen und Privatzirkussen, übte als weisungsbefugter Staatsbetrieb diesen gegenüber hoheitliche Aufgaben aus. Das Verständnis seiner Konstruktion ist damit wichtig für die Frage, welches Maß an Eigenständigkeit den privaten Zirkussen zugebilligt wurde.

Zum anderen verhielten sich auch die verstaatlichten Zirkusse vor ihrer Zusammenfassung in mancher Hinsicht noch wie Privatbetriebe. Sie wetteiferten um die besten Programme und die beste Ausstattung. Um die Umsetzung ideologischer Vorgaben kümmerten sie sich hingegen kaum.

---

[59] So etwa das Aeros-Programm „Tiere, Tempo, tolle Streiche" 1960, das von Till Eulenspiegel moderiert wurde.

[60] Vgl. Netzker, Otto, Die Zirkuskunst und ihre Perspektive in der Deutschen Demokratischen Republik, Nr. 1/1960, S. 1.

[61] Bommer, 1961, S. 19.

[62] Vgl. Anordnung über die Errichtung des VEB Zentralzirkus vom 22.12.1959, in: Weise, Roland, Handbuch der Artistik und Kleinkunst der Deutschen Demokratischen Republik 1962, Pößneck 1962, S. 36.

[63] Vgl. Anweisung des Ministers für Kultur und des Rates der Stadt Leipzig zur Änderung der Zuordnung des VE Circus Aeros vom 6.10.1960, in: Verfügungen und Mitteilungen des Ministeriums für Kultur Nr. 9, Berlin 18.11.1960, S. 76.

[64] Erst 1980 wurde dem VEB Zentralzirkus der Titel „Staatszirkus der DDR" verliehen, angeblich als Reaktion auf ein Banner am Zaun des Winterquartiers, das 1979 doppeldeutig verkündet haben soll: „30 Jahre DDR – 20 Jahre Staatszirkus".

Zum dritten muß zur Ehrenrettung der vormaligen privaten Besitzer die historische Darstellung der DDR-Autoren korrigiert werden, was auch für die Beurteilung des Verstaatlichungsvorgangs selbst im folgenden Kapitel von Belang ist. Günther und Winkler stellen die Verstaatlichung als altruistische Rettung der Zirkusse dar, die „führerlos waren und unterzugehen drohten".[65] Sie jubeln, in den 50er Jahren habe sich die Richtigkeit des eingeschlagenen Weges, hätten sich die Vorzüge der Planwirtschaft und der operativen Reorganisation, wozu die gesellschaftliche Anerkennung des Zirkus und seiner kulturpolitischen Wirksamkeit gehöre, eindrucksvoll bewiesen.[66]

Eben das Gegenteil ist der Fall. Die „operative Reorganisation" hätte die Zirkusse Barlay und Busch in die sichere Pleite getrieben, hätte man sie nicht immer wieder mit Krediten gestützt und schließlich als Betriebsteile des Zentralzirkus direkt dem Kulturministerium unterstellt und mit Millionenbeträgen subventioniert. Ihre Entwicklung in den 50er Jahren ist vielfach eine Geschichte von dilettantischer ökonomischer und künstlerischer Betriebsführung, die die Unternehmen an den Rand des Abgrundes trieb.

An nur einem Beispiel soll das illustriert werden. Im November 1951 kam es in Leipzig zu einem ungewollten Doppelgastspiel des bereits verstaatlichten Circus Barlay und des noch privaten Circus Aeros. Direktor Cliff Aeros hatte ein Gastspiel des westdeutschen Circus Belli organisiert, der den Brüdern seiner zweiten Frau Babette gehörte. Zuerst hatte die Staatliche Kunstkommission die Einreise des Circus Belli mit „administrativen Mitteln" zu verzögern versucht, mußte sich jedoch – wohl mit Blick auf die gesamtdeutsche Lage – dem Druck verschiedener DDR-Ministerien beugen.[67] Die Überprüfungen der Programme ergaben ein in seiner drastischen Formulierung erstaunliches Ergebnis: Während der West-Zirkus Belli in jeder Beziehung in den höchsten Tönen gelobt wurde, fanden die Kontrolleure für Barlay nur spöttische Worte. Mit vier Stunden Länge und überwiegend mangelhafter Qualität in den Darbietungen sei das Programm nicht tragbar und müsse umgehend verändert werden.[68] Nur weil der Kreisvorstand des FDGB mit agitatorischem Druck und massiver Subventionierung der Eintrittspreise bis zu 75 Prozent „alle Hebel in Bewegung" setzte, um die „Kollegen zu einem Besuch von Circus Barlay zu mobilisieren", konnte bei diesem ein völliges Debakel verhindert werden.[69]

---

[65] Günther/Winkler, 1986, S. 224.

[66] Ebd., S. 236.

[67] Schreiben der Staatl. Kunstkommission an den FDGB vom 21.1.1952, BArch, DDR 1, 6051.

[68] Protokolle der Programmabnahmen, BArch, DDR 1, 6051.

[69] Schreiben des FDGB Kreisvorstand an den Bundesvorstand FDGB vom 22.11. 1951, BArch, DDR 1, 6051.

Die Geschichte der volkseigenen Zirkusse unter kommunaler Trägerschaft kann in diesem Zusammenhang nicht umfassend nachgezeichnet werden, ihre Episoden sind in einschlägigen Akten jedoch vielfältig dokumentiert. Nur die Resultate dieser Entwicklung werden im folgenden aufgezeigt.

Allein der Circus Aeros konnte sich relativ gut halten, und dessen Direktor Karl Langenfeld wehrte sich dementsprechend vehement gegen die Zentralisierung. „Langenfeld war ein strenger Parteigänger. Und er hatte Erfolg, war mit seinem Unternehmen sogar im sozialistischen Ausland. Auf den mußte die SED vorerst Rücksicht nehmen."[70] Aus diesem Grund wurde Aeros erst ein Jahr später dem VEB Zentralzirkus eingegliedert, nachdem sein ehemaliger Direktor inzwischen enttäuscht in den Westen gegangen war.

Schon 1955 gab es offenbar Pläne, die drei volkseigenen Zirkusse zusammenzufassen. In einem Schreiben an das Ministerium für Kultur lehnt die Stadt Leipzig am 25.4.1955 die Verlegung des Circus Aeros nach Berlin strikt ab. „Wie Ihnen sicherlich bekannt sein wird, hat die Stadt Leipzig vom Zeitpunkt der Übernahme (...) erhebliche Anstrengungen gemacht, um den Circus Aeros zu dem Kulturinstitut zu machen, das er heute darstellt.(...) Es wird Sie deshalb nicht wundern, wenn die Stadt Leipzig daran interessiert ist, nach den bisherigen Bemühungen auch an den Erfolgen des VE Circus Aeros teilzuhaben."[71]

Arbeiteten Busch und Barlay in diesen Jahren chronisch defizitär, so schrieb selbst der solide Aeros nicht immer schwarze Zahlen. Die Finanzrevision kam bei Prüfung der Bilanz 1956 etwa zu dem Urteil: „Der VE Circus Aeros hat die ihm übertragenen kulturellen Aufgaben nur unter erheblichen Schwierigkeiten erfüllen können."[72] Das Betriebsergebnis sei nur mit 92,5 % erfüllt worden, da nicht wie geplant Einnahmen von 5.363200,00 Mark erzielt worden seien, sondern nur 4.041547,00 Mark.[73]

Dennoch stand Aeros unbestritten finanziell wie auch mit seinen Programmen am besten da, als im Herbst 1957 erneut Gerüchte einer bevorstehenden Zentralisierung in der Szene die Runde machten. Von der Abteilung Kultur beim Rat der Stadt Leipzig ist eine entsprechende Aktennotiz vom 16.10.1957 überliefert. Darin heißt es, schon zwei Jahre zuvor habe es ähnliche Pläne gegeben, mit denen die Direktoren der Zirkusse aber nicht konfrontiert worden seien. Auch jetzt gebe es die Absicht, die Direktoren von entsprechenden Beratungen auszuschließen. Der Hintergrund: Alle Direkto-

---

[70] Hallmann, Klaus, Waldkraiburg, im Interview am 22./23.2.1999.
[71] Stadtarchiv Leipzig, 8317, Bl. 59.
[72] Stadtarchiv Leipzig, 8315, Bl. 3.
[73] Stadtarchiv Leipzig, 8315, Bl. 5.

ren würden eine Zentralisierung ablehnen, da sie die Arbeit nicht fördere. Als Grund der Maßnahme nennt das Schriftstück die ökonomische Situation: „Während der Zirkus Aeros mit seinem großen Tierbestand rentabel arbeitet, ist dies bei den anderen Zirkussen nicht der Fall. Man wäre der Meinung, daß Nummern aus dem Circus Aeros herausgenommen und anderen Zirkussen zur Verfügung gestellt werden könnten, um auch dort die nötige Anziehungskraft zu schaffen."[74]

Diese Vermutungen bestätigend schrieb die Berliner Stadträtin Blecher am 18.1. 1958 an die staatliche Plankommission, der Magistrat habe mit Beschluß Nr. 5/58 die Unterstellung des Circus Barlay beim Ministerium für Kultur beschlossen. „Die wirtschaftliche Entwicklung des Circusses Barlay hätte den Magistrat von Groß-Berlin gezwungen, den Circus aufzulösen." Dem Ministerium seien bessere Möglichkeiten gegeben, den Circus Barlay, ähnlich wie Circus Busch, durch In- und Auslandstourneen wirtschaftlicher zu gestalten.[75]

Vermutlich noch prekärer war die finanzielle Situation beim Circus Busch, der schon vor Barlay dem Kulturministerium unterstellt wurde. Hier hatte sich die Stadt Magdeburg von Anfang an lange geweigert, überhaupt die Rechtsträgerschaft zu übernehmen. Grund war die defizitäre Führung durch den Treuhänder im Jahr 1952: „Durch die schlechte Wirtschaftsführung des künstlerischen Leiters ist der Betrieb in finanzielle Schwierigkeiten geraten, so daß jetzt die Gagen nicht mehr bezahlt werden können."[76] Eine Woche später hieß es gar, eine durchgeführte Prüfung beim Circus Busch habe ergeben, daß der Betrieb völlig illiquide sei; die Aufstellung eines Planes für 1953 sei in Frage gestellt.[77]

Erst in der Ratssitzung vom 21.10.1953 wurde schließlich widerwillig beschlossen: „Entsprechend der Weisung der Staatlichen Kommission für Kunstangelegenheiten vom 31.7.1953 (...) wird der gesamte Betrieb des VEB Circus Busch einschl. Betriebs- und Anlagevermögen mit Wirkung vom 1.4.1953 in die Rechtsträgerschaft der Stadt Magdeburg übernommen."[78] Die Finanzierung, sprich der Ausgleich des Defizits, wurde 1953 durch die Kunstkommission übernommen.[79]

---

[74] Ebd., 8318, Bl. 36. Die widersprüchliche Orthographie wurde beibehalten.

[75] Magistrat von Groß-Berlin, Schreiben an stellv. Vors. der staatl. Plankommission vom 18.1.1958, Kopie Archiv Winkler.

[76] Protokoll der Ratssitzung vom 13.12.1952, Stadtarchiv Magdeburg, Rep. 18. 4 Ra 22.

[77] Protokoll der Ratssitzung vom 20.12.1952, Stadtarchiv Magdeburg, Rep. 18. 4 Ra 22.

[78] Stadtarchiv Magdeburg, Rep. 18. 4 Ra 28.

[79] Ebd.

Klaus Hallmann, bis 1959 Pressesprecher bei Barlay, bestätigt den Quellenbefund: „Alle Unternehmen haben ständig Zuschüsse gebraucht. Die Höhe war recht unterschiedlich. Aeros hat am meisten Devisen verdient, der hat sich sehr, sehr gut gehalten. Der konnte sogar Elefanten kaufen. Barlay hat mehr gebraucht, vor allem weil wir materialmäßig so schlecht ausgestattet waren. Ich weiß noch, 1959 haben wir beim Circus Barlay genau eine Million Mark Zuschüsse auf dem Konto gehabt."[80]

Hallmann sieht den Sinn der Zentralisierung neben dem Austausch von Nummern vor allem in der Kontrolle. „Wenn die drei großen Zirkusse unterwegs waren, waren die ja weg. Die waren irgendwo in der DDR oder teils in Ungarn oder Polen. Die Partei- und Staatsführung wollte unbedingt verhindern, daß da Inseln der Freiheit entstanden. Das war mit den kleinen Privatzirkussen genauso. Es war unmöglich, daß Leute rumreisten und machten, was sie wollten."[81]

Die drei Direktoren hätten agiert wie Privatleute. Die Kontrolle durch das Ministerium für Kultur, vertreten durch den Fachreferenten Otto Netzker, sei lax gewesen. „Er ist gekommen, hat geschaut, und hinterher wurde ein Schnaps getrunken. Dann ist er wieder gefahren. Wirklich eingegriffen hat er bei den volkseigenen Zirkussen nicht."[82]

Das Kontrollbedürfnis des Staates im Zirkus erstreckte sich auch auf allgemeine Belange. „Im Urlaub bekam ich zuhause ein Schreiben mit der Aufforderung, ohne Angabe von Gründen zu einem Gespräch ins Rathaus zu kommen. Jeder wußte, da steckte die Anwerbung zur kasernierten Volkspolizei dahinter. Großes Interesse hatte man da natürlich nicht. Also bin ich sofort zurück zum Zirkus und habe denen von unterwegs geschrieben, sie sollten mitteilen, worum es gehe. Als die geantwortet haben, waren wir schon wieder in der nächsten Stadt. Wir waren praktisch unauffindbar."[83]

Während die privaten Lizenz-Zirkusse durch die Lizenz-Ordnung einer weitgehenden Aufsicht und Kontrolle durch das Kulturministerium unterstellt worden waren, operierten die verstaatlichten Zirkusse noch relativ unabhängig von politischen Vorgaben. Dieses kuriose Faktum bestätigt auch Netzker im nachhinein anhand eines Detailkonfliktes: Die Direktoren hätten es abgelehnt, die ersten Absolventen der Fachschule für Artistik, die 1960 ihre Ausbildung beendeten, in ein mehrjähriges Engagement zu übernehmen, das als Belohnung garantiert war.[84] Bei der Auswahl ihrer Artisten wollten

---

[80] Hallmann, Klaus, Waldkraiburg, Interview am 22./23.2.1999.

[81] Ebd.

[82] Ebd.

[83] Ebd.

[84] Winkler, Gisela, Wie war das damals mit dem volkseigenen Circus? Ein Gespräch mit Otto Netzker, in: Circus Zeitung, Dormagen Nr. 11/93.

sie ihren persönlichen Vorstellungen Rechnung tragen. Der Artist als Staatsangestellter mit mehrjähriger Arbeitsplatzgarantie paßte nicht in das flüchtige Umfeld des klassischen Zirkus mit seinen ständig wechselnden Programmen und Engagements mit Ausnahme eines kleinen festen Mitarbeiterstabs.

Eben das war aber eines der Grundprinzipien des VEB Zentralzirkus. So wurde in seinem Statut als Aufgabe u. a. formuliert, mit bedeutenden Künstlern Arbeitsverhältnisse einzugehen, damit ein planvoller Einsatz der künstlerischen Kräfte erreicht werde. Eine systematische Kaderarbeit solle die Perspektive und die Qualifizierungsmaßnahmen für jeden Mitarbeiter festlegen.[85] Einerseits waren damit ohne Zweifel Verbesserungen der sozialen Verhältnisse in den Zirkussen verbunden. Andererseits diente der Aufbau „fester Kollektive" dazu, die Belegschaft endlich umfassend in die sozialistischen Massenorganisationen zu integrieren. Das war in den 50er Jahren nur unbefriedigend gelungen. „Ich teilte mir ein Wagenabteil mit dem Parteisekretär. Nachts hat der immer durch die Wand geflüstert: ‚Wann trittst du endlich ein?' Ich hatte aber keine Lust. (...) Bei uns war ein einziger Artist in der Partei – und der wohl auch mehr aus Opportunismus, um Ruhe zu haben. Die Direktoren waren bis auf Karl Langenfeld einfache Mitglieder, Harry Michel bei Barlay und Paul Schäfer bei Busch. Die richtigen Funktionäre kamen erst 1960 zum Zirkus."[86]

Die Engagementsgarantie verwandelte sich übrigens schnell zu einer mehrjährigen Engagementspflicht im Anschluß an die Artistenschule. Viele junge Talente zogen im Unterschied zu den Erwartungen der Funktionäre die unsichere Freiberuflichkeit mit ihren dafür lukrativen Einkommensmöglichkeiten einer Festeinstellung vor.[87]

Nicht nur der einzelne Artist sollte künftig der lenkenden Aufsicht des Staates unterzogen werden. Den Zirkussen in ihrer Gesamtheit wurde ein individuelles Operieren verwehrt. Das Prinzip straffer Führung mit direkter Eingriffsmöglichkeit war im Statut des VEB Zentralzirkus fest verankert: Leiter des Betriebes war der Generaldirektor, der vom Minister für Kultur eingesetzt und abberufen wurde. Er war an die Weisungen des Ministers gebunden.[88] Der Zentralzirkus war in fünf Einheiten gegliedert, die künstlerische, kaufmännische, technische und Kaderabteilung sowie den Hauptbuchhalter. Dazu kamen die eigentlichen Zirkusse, jetzt reisende oder stationäre Betriebsteile. Die Leiter der Betriebsteile führten diese nur noch „entsprechend der ihnen erteilten Vollmachten und im Rahmen der bestätigten Pläne sowie der Weisungen des Direktors eigenverantwortlich."[89]

---

[85] Netzker, Artistik Nr. 1/1960, S. 2.
[86] Hallmann, Klaus, Waldkraiburg, im Interview am 22./23.2.1999.
[87] Vgl. Günther/Winkler, 1986, S. 260 f.
[88] Statut des VEB Zentralzirkus (vom 22.12.1959), in: Weise, 1962, S. 38 f.

Bommer hat also tendenziell nicht Unrecht, wenn er auch aus subjektiver Verärgerung schreibt, aus den bisherigen Direktoren seien Befehlsempfänger politischer Direktiven geworden; an die Stelle individueller seien streng genormte Programme mit politischem Inhalt getreten. Aus freien, unabhängigen Artisten und Künstlern sollten Gehaltsempfänger des Staates werden, die als politische Agitatoren im In- und Ausland tätig sein sollten.[90]

Da der Fachreferent im Kulturministerium durch den Generaldirektor faktisch ersetzt wurde, wechselte Otto Netzker mit Gründung des Zentralzirkus von einer Position in die andere. „Netzker hatte wohl keine persönliche Ambition, Generaldirektor zu werden. Er wurde eher dazu verdonnert. Nein gesagt hat er allerdings auch nicht."[91]

Mit dem Ämterwechsel erweiterten sich seine Kompetenzen und vor allem die Kontrollmöglichkeiten erheblich. Die Aufsicht über die privaten Zirkusse behielt Netzker ebenfalls in Händen, da der Zentralzirkus „im Auftrage des Ministeriums für Kultur die Funktion der kulturpolitischen Anleitung und Koordinierung der Programmgestaltung und Tourneeplanung einschließlich der Auslandtätigkeit der ihm nicht unterstellten volkseigenen und der privaten Zirkusse" ausübte.[92] Jetzt wurden nicht nur die verstaatlichten Unternehmen in ihren Aktivitäten gleichgeschaltet, auch die verbliebenen Privatzirkusse unterlagen fortan direkt den Weisungen des Zentralzirkus. Damit konnte sich eine Konkurrenz zwischen privaten und volkseigenen Zirkussen erst gar nicht entwickeln, da alle Veränderungen in Programm und Ausstattung durch den Zentralzirkus genehmigt werden mußten. In wieweit deshalb noch von privatwirtschaftlich arbeitenden Unternehmen gesprochen werden kann, ist letztlich wohl eine Frage der Definition.

Für den Staat hatte dieses System bedeutende Vorteile, obwohl es in das programmatische Konzept des Sozialismus eigentlich nicht hineinpaßte. Die Privatzirkusse waren derart gebändigt, daß von ihnen keine Gefahr systemkritischer Programme mehr ausging. Bei aller Einschränkung ihrer Aktivitäten mußten sie jedoch weiterhin ohne staatliche Zuschüsse rentabel arbeiten. Sie sorgten für die wenig lukrative Bespielung des ländlichen Raumes und waren damit Teil der kulturellen Grundversorgung, ohne den Staat etwas zu kosten, während die Staatsbetriebe in den 60ern Zuschüsse von jährlich rund fünf Millionen Mark benötigten.[93] Es ist nicht unwahrschein-

---

[89] Ebd, S. 39.

[90] Vgl. Bommer, Hans-Herbert, Manegenzauber in rotem Licht, SBZ-Archiv, Nr. 16/1960, S. 243.

[91] Hallmann, Klaus, Waldkraiburg, im Interview am 22./23.2.1999.

[92] Statut des VEB Zentralzirkus vom 22.12.1959, in: Weise, 1962, S. 38.

[93] Vgl. Bommer, 1960, S. 244.

lich, daß man die verbliebenen privaten Zirkusse überleben ließ, weil man vor weiteren Kosten zurückschreckte, die bei zusätzlichen kleineren Staatsbetrieben im Verhältnis zu den Groß-Zirkussen ungleich höher ausgefallen wären.

1961 versuchte man dennoch, Ersatz für die „Privaten" zu schaffen. Der ehemalige Circus Barlay sollte zu einem kleineren Mittelzirkus entwickelt werden. Unter dem Namen Olympia[94] – Harry Barlay hatte in der Bundesrepublik erfolgreich Schutzansprüche auf seinen Namen geltend gemacht – sollte der Zirkus die kleineren und mittleren Städte bereisen. Indem man mit dem subventionierten Unternehmen die gleichen Kunden umwarb wie die Privatzirkusse, wollte man diese durch qualitative Konkurrenz beständig unter Druck setzen.[95] Entsprechend drohte Netzker pünktlich zur Gründung des VEB Zentralzirkus: „In Zukunft werden sich nur noch die Zirkusbetriebe durchsetzen können, die unseren kulturpolitischen Forderungen gerecht werden."[96]

Aus den bereits im Kapitel II erörterten strukturellen Gründen war der Versuch von kurzer Dauer. „Da ist man ganz schnell wieder von abgekommen. Als Staatsbetrieb mußte Barlay aufwendige, gute Programme haben. Die konnte ein kleiner Mittelzirkus aber nicht aufbringen."[97] Diesem Experiment sollten weitere nicht folgen.

Mit der Zentralisierung der kommunalen Zirkusse war die sozialistische Durchdringung des Zirkuswesens abgeschlossen. Die enge zeitliche Folge der einzelnen Schritte und deren Vorgeplänkel läßt in Verbindung mit dem allgemeinen Anspruch der SED auf Formung einer sozialistischen Gesellschaft einen Prozeß erkennen, der zumindest in seinen Grundzügen absichtsvoll und zentral gelenkt wurde, und der auf ein festes Ziel hin orientiert war.

Zusammenfassend lassen sich als Motive dieser Entwicklung erkennen: 1. Das Bedürfnis, kapitalistische Denk- und Arbeitsweisen im Bereich des Zirkus, sowohl in den verstaatlichten wie den privaten Betrieben, zu tilgen, 2. das Bedürfnis, die Zirkuskunst als systemloyale, neutrale Unterhaltung der Bevölkerung zu entwickeln und im Rahmen ihrer Möglichkeiten für ideologische Indoktrination zu nutzen und 3. die Absicht, durch Integration der Zirkusleute in sozialistischen Massenorganisationen auch im flüchtigen Schausteller-Bereich ein umfassendes Überwachungs- und Kontrollsystem zu etablieren.

---

[94] 1968 wurde er zu einem Gastspiel in Prag umgetauft in „Berolina", da in der CSSR bereits ein Circus Olympia bestand.

[95] Vgl. Netzker, in: Benmann, 1965, S. 228 f.

[96] Netzker, Artistik 1/1960, S. 1.

[97] Hallmann, Klaus, Waldkraiburg, im Interview am 22./23.2.1999.

Inwieweit sich dieser Prozeß konkret auf die privaten Zirkusse auswirkte, soll nun im folgenden Kapitel untersucht werden. Die Betrachtung wird dazu nochmals an den Beginn der 50er Jahre zurückkehren, als die ersten Zirkusse kurz nach der Gründung der DDR bereits in den anschwellenden Strudel des erzwungenen gesellschaftlichen Umbauprozesses gerissen wurden.

IV. Zirkus zwischen Kunst und Kader

Fallbeispiele wesentlicher Lizenzunternehmen

„Das Allerwahnsinnigste, was ein Mensch je machen kann, ist, einen Zirkus zu gründen.
Aber um nach den Sternen zu greifen, braucht man eine Portion Wahnsinn."

Rafik Schami

1. Die Begehrten weckten Begehrlichkeiten: Circusse Barlay, Busch und Aeros

Abschiedsvorstellung im Circus Barlay in der Berliner Friedrichstraße 107. Filmreifer ließe sich das plötzliche Ende des aufstrebenden Privat-Unternehmens kaum denken. In der Hauptrolle tritt auf, an einem Tag Ende April 1950[1]: Circus-Geschäftsführer Gustav Brumbach, Harry Barlays heimlicher Kompagnon. Noch Tage zuvor hat er in der Manege das neueste Programm „Circus-Symphonien" präsentiert. Jetzt packt er letzte Unterlagen zusammen, als ihn die Warnung einer loyalen Angestellten zum sofortigen Aufbruch veranlaßt. Die DDR-Behörden haben Wind bekommen von einer der wohl spektakulärsten Fluchten in der Geschichte der DDR. Da wird es Zeit für Brumbach, nun selbst das Weite zu suchen.

Schon seit Wochen verschwindet fast unbeachtet Wagen für Wagen vom Gelände des Winterquartiers. Mit wechselnden Begründungen sind die Anhänger zuvor neu gestrichen worden – neutral und unscheinbar. Mit je zwei Wagen im Schlepptau und einer triftigen Begründung hat eine Zugmaschine die Sektorengrenze passiert. Mit nur einem Wagen ist der Fahrer an einem anderen Grenzposten wieder in den Ostteil eingereist.

Rein äußerlich geht alles seinen gewohnten Gang. Ende April beginnt die Reisesaison – da fällt es nicht auf, wenn Wagen überholt oder abgeholt werden. Da fällt es zunächst auch nicht auf, wenn Elefanten und Schulpferde, Kamele und Exoten sich nachts auf den Weg machen zum ersten Gastspielort. In den Güterzug nach Luckenwalde klettern indes nur die braunen Gebirgsziegen, Löwen, Affen, Bären, einige Pferde und ein pensionsreifes Kamel. Eine bunte Karawane wertvoller Exoten ist inzwischen

---

[1] Vor dem 28.4.1950. Vgl. dazu: Stadtsowjet will Staatszirkus, Der Abend, Berlin 28.4.1950.

auf Republikflucht. Durch einen Tunnel, der unter einem Bahndamm hinweg in den Westen führt, kehrt das wertvolle Tiermaterial der jungen DDR den Rücken. Das Eingangstor haben Mitarbeiter rechtzeitig manipuliert. Komödianten wissen, sich zu helfen.

Jetzt ist der Verlust aufgefallen. Die Volkspolizei sucht Schuldige. Direktor Harry Barlay ist abwesend: Rechtmäßig kurt er im Westen, um ein Augenleiden behandeln zu lassen und denkt nicht an Rückkehr. Die Volkspolizisten suchen den zweiten Mann, Gustav Brumbach.

Fast haben sie ihn gefaßt an jenem Tag im April, doch sein Auto entkommt in wilder Fahrt über den nahen Grenzposten Friedrichstraße. Ein Wagen der Volkspolizei läßt nicht von ihm ab. Brumbach rettet sich in die Obhut der US-Streitkräfte. Am Flughafen Tempelhof rollt er auf amerikanisches Hoheitsgebiet, schüttelt damit die Verfolger ab. Die eifrigen Volkspolizisten haben das Nachsehen.[2]

Von ungefähr hätten Barlay und Brumbach die Mühen einer solchen Flucht kaum auf sich genommen, zumal ein nicht unbeträchtlicher Teil ihres Besitzes trotz aller Planung in der DDR verbleiben mußte. Beide gingen kaum aus politischer Überzeugung in den Westen. Hätten sie nach den Jahren des mühevollen Aufbaus nicht um die baldige Enteignung ihres Unternehmens gefürchtet, Barlay und Brumbach wären zumindest vorerst geblieben.

Barlays Biographie liest sich wie eine amerikanische Tellerwäscherkarriere. Als Sohn eines schlesischen Bergmanns kam Reinhold Kwasnik, so sein bürgerlicher Name, am 2.1.1898 in Hindenburg in bescheidenen Verhältnissen zur Welt. Nach der Schule ging er bei einem Kaufmann in die Lehre. Seine Leidenschaft aber galt dem Turnen. Beim Gastspiel einer Reckturner-Gruppe war Kwasnik nicht mehr zu halten. Als Artistenlehrling zog er in die Welt – und wurde mit den „Drei Barlays" bald bekannt in der aufstrebenden Szene der Varietés und Circusse. 1931 heiratete er Carola Althoff[3] und begründete seinen ersten Circus „Groß-Raubtierschau Wilhelm Hagenbeck und Viermasten-Circus Barlay". Von den Nationalsozialisten wurde der aktive Barlay, der sich bald von seinen Partnern getrennt hatte, geachtet, hielt sich selbst politisch in jeder Richtung zurück.[4] In den Hallen der ehemaligen Karussellfabrik Hitzig in Neustadt an der Orla richtete er ein Winterquartier ein. Bis zum Ende der Sommersaison 1944 war Barlay ständig auf Tournee. Das Kriegsende erlebte der Zirkus im Winterquartier. Obwohl viele Wagen dem Volkssturm als Barrikaden herhalten mußten und einige Tiere an Futtermangel krepierten, blieb das Unternehmen weitgehend intakt, vor allem im Vergleich zu anderen Zirkussen.

---

[2] Vgl. dazu auch: Kürschner, Circus Zeitung, Nr. 10/1997, S. 25 f.
[3] In zweiter Ehe wurde sie in der Bundesrepublik als Carola Willams bekannt.
[4] Vgl. dazu: LAB C Rep. 120 Nr. 1674, Bl. 110.

Abb. 1: Ein nebliger Morgen im April 1950: Als letzte verlassen die Elefanten vom Circus Barlay die DDR.

Barlay schaffte den Sprung nach Berlin. In einem Sonderzug rollten im Frühjahr 1946 hundert Wagen, vier Elefanten, Kamele, Pferde, Tiger in die zerbombte Stadt. Als einziger spielte Barlay im Ostsektor, auf dem Exerzierplatz an der Schönhauser Allee. Seine drei Konkurrenten Brumbach, Gnidley und Paula Busch in den Westsektoren überlebten die Nachkriegsjahre nicht – vor allem die Berlin-Blockade 1948, als es keine Futterzuteilung für Zirkusse gab, dezimierte ihre Bestände.

Barlay hingegen expandierte. Im Januar 1947 kam Gustav Brumbach zurück aus sowjetischer Kriegsgefangenschaft. Auch er war erfolgreicher Zirkus-Besitzer, gastierte 1942 in Berlin, wurde dann eingezogen zur Wehrmacht. Seine Frau Lulu erlebte das Kriegsende mit den Kindern auf dem Gutsbesitz bei Landsberg an der Warthe. Ihres Eigentums enteignet, gelangte sie Anfang 1946 aus dem jetzt polnischen Gebiet in die SBZ. Bei Harry Barlay fand sie Aufnahme, bekam in Berlin deponiertes Material zurück und kaufte Pferde. Ihre Töchter traten bei Barlay auf. Als Gustav Brumbach 1947 in Berlin eintraf, wurde er Geschäftsführer bei Barlay. Ein eigener Zirkus blieb ihm aufgrund seiner Sympathien für den NS-Staat verwehrt. Fortan leitete er für Barlay ein zweites Reisegeschäft, das ebenfalls in der SBZ auf Tournee ging.

Die Krönung des Erfolges in Berlin gelang 1948. Die Kulturabteilung der SMAD gab ihre Erlaubnis für den Bau eines hölzernen Winterbaus an der Friedrichstraße, gegen den erklärten Widerstand der Berliner Behörden. Sogar 15 Strafgefangene wurden zur Enttrümmerung des Grundstücks eingesetzt. Am 25.12.1948 war die Premiere, und der Direktor konnte unter vielen Ehrengästen auch den sowjetischen Stadtkommandanten General Alexander Kotikow begrüßen.

Oberflächlich betrachtet erlebte Barlay nach Kriegsende, durch die Zeitumstände begünstigt, einen nahezu ungebremsten Aufstieg. Hinter den Kulissen war jede Neuerung, wie Kapitel II bereits gezeigt hat, mit hartnäckigem, geschicktem Verhandeln mit der deutschen und russischen Administration verbunden. Der Druck auf das Unternehmen wuchs im Verlauf des Jahres 1949 spürbar. Abteilungsleiter Kurt Bork von der Kulturverwaltung des Berliner Magistrats schrieb zwar an Oberbürgermeister Friedrich Ebert, bei allen über den Circus Barlay geführten Verhandlungen sei es keineswegs um dessen Schließung gegangen. „Die ständigen Androhungen, daß die ihm von hier oder von der Zentralkommandantur auferlegten Beschränkungen dazu führen würden, den Betrieb einzustellen, sind unsachlich."[5] Bedenkt man die zahllosen Restriktionen, die der Tätigkeit des Circusses mittlerweile auferlegt wurden, so machen diese dennoch den Eindruck eines planvollen Vorgehens. Der Geschäftssinn Barlays sollte gehemmt werden. Wie die Behörden

---

[5] Schreiben vom 30.6.1949, LAB C Rep. 120, Nr. 1674, Bl. 40.

Abb. 2: Nach der spektakulären Flucht Harry Barlays wurde sein einstiger Zirkus zunächst in Treuhandschaft, später als Eigentum des Ost-Berliner Magistrats betrieben. Gastspiel 1954 in Erfurt.

etwa den Arbeitsschutz als Vorwand zu propagandistischen Attacken nutzten, soll ein letztes Beispiel zeigen. Am 6.12.1949 wurde im Barlay-Programm nach einem Unfall der Todessprung in den Löwenkäfig verboten. Dabei ging es jedoch nur vordergründig um Arbeitsschutz. „Anlaß (...) gibt uns die Haltung der Öffentlichkeit",[6] schrieb Bork und dachte wohl vorrangig an die von der SED orchestrierte öffentliche Meinung. Das Verbot sollte als Beweis dienen, daß Artisten vor kapitalistischen Direktoren zu schützen seien. Rein praktisch kam es zu spät, lief das Programm regulär doch bereits am 11.12.1949 aus.

Hinter vorgehaltener Hand wird über die Enteignung Barlays „aus kulturpolitischen Interessen" oder die Schließung des Betriebes in führenden Kreisen der SED gesprochen worden sein. Nach der Flucht Barlays und Brumbachs schrieb der Berliner „Abend", schon lange gebe es Gerüchte, die von einer Verstaatlichung des Zirkus wissen wollten, was ein Teil der Belegschaft wünsche.[7] Ob es konkrete Absichten dazu gab, ist bei der bisherigen Quellenlage nicht zu beurteilen, da sich Barlay mit seiner aufsehenerregenden Flucht alsbald dem Zugriff der jungen DDR entzog. Die weitere Geschichte des Rest-Zirkusses in Verbindung mit derjenigen des Circus Busch erhärtet jedoch den Verdacht, daß auch ohne Barlays Flucht die Zirkusse der Verstaatlichungswelle auf Dauer nicht hätten standhalten können.

---

[6] LAB C Rep 120, Nr. 1674, Bl. 31.
[7] Vgl. Stadtsowjet will Staatszirkus, „Der Abend", Berlin 28.4.1950.

Auf seiner Sitzung am 25.10.1951 beschloß das Sekretariat der Landesleitung der SED neben der propagandistischen Ausnutzung des Totensonn-
tags auch die Übernahme des Circus Barlay in städtische Verwaltung.[8]
Nicht den Organen der DDR-Regierung oder der Kommunalverwaltung
oblag letztlich die Entscheidung über die Zukunft des Zirkus, sondern der
allmächtigen Partei.

Die Beschlußvorlage liest sich trotz ihres nüchternen Stils als ein Einge-
ständnis der verheerenden treuhänderischen Führung, in der der Zirkus seit
der Flucht seines Besitzers geführt worden war. „Um eine erfolgreiche Führung des Unternehmens zu garantieren", wurden der Treuhänder Walter
Pilz und der Geschäftsführer Schmidt bereits am 15.10.1951 beurlaubt und
ihre Verträge gekündigt.[9]

Seit der Übernahme in Treuhandschaft bis zum 30.9.1951 habe der
Circus Schulden in Höhe von 1.362.281 DM angehäuft. Hauptgläubigerin
war die Abteilung Finanzen des Magistrats, die Steuerschulden in Höhe
von 1.031.281 DM in Rechnung stellte. Die Kulturabteilung der SED-Landesleitung konstatierte, da die Steuerschulden dem Wert des Unternehmens
entsprächen, solle dieses durch freihändigen Verkauf an die „Volksbildungs-
und Kulturstätten-GmbH" übergeben werden, die im Besitz des Magistrats
war. Dafür werde diese GmbH von der Abteilung Finanzen mit dem entsprechenden Kapital ausgestattet. Anschließend solle der Zirkus in die Verwaltung des Magistrats überführt und der Abteilung Volksbildung unterstellt
werden.[10] Die Steuerschulden aus der Treuhandverwaltung wurden also ge-
tilgt, indem die Hauptgläubigerin, die Abteilung Finanzen des Magistrats,
den Treuhandbetrieb an einen Magistratsbetrieb verkaufte, der das nötige
Kapital dazu eben von derselben Abteilung Finanzen erhielt und den Zirkus
anschließend wiederum dem Magistrat weiterreichte.

Auf diese Weise wurde elegant die allerdings mehr hypothetische Frage
vermieden, warum der Zirkus nicht, wie es theoretisch Sinn einer Treuhandverwaltung ist, an private Käufer abgegeben wurde. Außerdem wurden
damit eventuelle Rückgabeansprüche des früheren Eigentümers endgültig
ausgeschlagen, da der Betriebswert zur Tilgung der Steuerschulden aufge-
braucht worden war.

Vor allem wurde eine direkte Enteignung geschickt umgangen. Offiziell
gab die Partei sich keine Blöße, leugnete ein allzu großes Interesse am
Circus Barlay, der ja formell nicht verstaatlicht, sondern an eine GmbH
verkauft wurde. Wohl auch deshalb wurde die in der Vorlage enthaltene Begründung der Maßnahme im Protokoll gestrichen. Darin hieß es eindeutig,

---

[8] Vgl. LAB C Rep.300 IV L-2/3/ Nr. 139, Bl. 173.
[9] LAB C Rep.300 IV L-2/3/ Nr. 139, Bl. 248.
[10] Vgl. LAB C Rep.300 IV L-2/3/ Nr. 139, Bl. 248.

die Förderung, die die Staatszirkusse in der Sowjetunion und in den volksdemokratischen Ländern genössen, beweise, daß dem Zirkus große Bedeutung bei der Bewußtseinsbildung der Bevölkerung zukomme.[11]

Ganz offenbar ließen sich die SED-Kulturfunktionäre in ihren Handlungen durch das sowjetische Vorbild der Staatszirkusse motivieren. Paul Requadt, im inzwischen unter Treuhandverwaltung gestellten Circus Busch als Treuhänder eingesetzt, sprach diese Absicht am 21.1.1952 in einem Thesenpapier explizit aus, das er unter den alles sagenden Titel stellte: „Vermerk über die Verwendung des Circus Barlay und des Circus Busch als Staats-Zirkus."[12]

Inzwischen war die Enteignung des Circus Jakob Busch parteiintern ebenfalls beschlossene Sache. Der Tod des Besitzers und 24 Pfund westdeutschen Bohnenkaffees waren dazu der Anlaß. Diese Genußmittel fielen Steuerfahndern im Rahmen einer Sonderprüfung in die Hände, die das Finanzamt Magdeburg am Sonntag, dem 30.12.1951, nur fünf Tage nach dem Tod des letzten Direktors Fritz van der Heydt durchführte.

Das große Interesse an diesem Zirkus kam nicht von ungefähr. Jakob Busch war das drittgrößte Unternehmen der SBZ, besaß seit Jahrzehnten einen untadeligen Ruf. Jakob Busch, 1879 als Sohn von Schaustellern geboren, wuchs bereits unter Fahrenden auf. Mit 20 Jahren übernahm er das Geschäft der Eltern, und wußte es beständig auszubauen. 1912 gründete er dann seinen ersten Zirkus, der, unterbrochen durch den Ersten Weltkrieg, als Kleinunternehmen mit Zweimastenzelt unterwegs war. Die Unterhaltungssucht der „Goldenen Zwanziger" nutzte Busch zum beständigen Aufbau seines Zirkus, der bald in einem Zug mit Sarrasani und Krone genannt wurde. Vor allem durch aufwendige Wasserpantomimen, die, in einem außenlichtdichten Zelt wirkungsvoll illuminiert, aufgeführt wurden, machte sich Busch einen Namen. Als Mitglied der NSDAP konnte er noch im Krieg seine Gastspielreisen fortsetzen, übergab die Leitung des Geschäftes aber an seinen Pflegesohn Fritz van der Heydt. In der SBZ hätte Busch kaum eine Lizenz bekommen. Zum Kriegsende befand sich Busch im Stammquartier in Nürnberg, während der Zirkus in Meerane in Sachsen lagerte. Vor Einheiten der Roten Armee fanden noch 1945 die ersten Vorstellungen unter freiem Himmel statt. Vier der zehn Elefanten hatten den Krieg überlebt. Vieles war zerstört, doch Fritz van der Heydt konnte verschiedenes Wehrmachtsmaterial übernehmen. In Nürnberg hatten Wohnwagen und Zeltmasten den Krieg überstanden. Am 20.4.1946 begann in Chemnitz die erste Tournee durch die SBZ. Circus Jakob Busch präsentierte neben mehreren großen Pferdenummern bereits wieder Elefanten und Bären, Trapez-,

---

[11] Vgl. LAB C Rep.300 IV L-2/3/ Nr. 139, Bl. 249.
[12] Landesarchiv Magdeburg, Rep. M 1 BT, RdB Magd. Nr. 1390, Bl. 33.

Hochseil- und Exzentrikakrobaten. Auch jetzt waren die Russen noch gute Kunden: Das erste Programmheft „Menschen, Tiere, Sensationen" wurde für 20 Pfennige zweisprachig in deutsch und russisch verkauft.[13]

Günther und Winkler berichten nach Erinnerungen des Pferdedresseurs Hermann Ullmann, bereits 1946 hätten „progressive Kräfte" für eine paritätische Leitung von Direktor und Gewerkschaftsgruppe oder „Artistenrat" plädiert, nach dem Tod Jakob Buschs 1948 hätten sie einen volkseigenen Zirkus gefordert.[14] Dazu kam es nicht. Van der Heydt war längst rechtmäßiger Direktor, und wie Harry Barlay und Cliff Aeros hatte er offenbar ein gutes Verhältnis zu den russischen Besatzern. Erst als van der Heydt am 25.12.1951 in Nürnberg starb, über die Todesursache ist nichts bekannt, bot sich den deutschen Sozialisten die Gelegenheit zum Zugriff.

Merkwürdig ist, wie schnell die Behörden trotz der Feiertage reagierten. Sofort nach Bekanntwerden des Todes muß Paul Schäfer zum Treuhänder berufen worden sein. Denn dieser erstattete nach Angaben des späteren Prüfberichts des Finanzamtes Magdeburg Anzeige bei der Volkspolizei wegen des Verdachts erheblicher Steuerverkürzungen, woraufhin bereits am 30.12.1951 die Sonderprüfung wegen „Gefahr im Verzuge" und „Verdunkelungsgefahr" stattfand.[15] Es sieht ganz so aus, als habe man auf den Tod van der Heydts mit festen Absichten nur gewartet.

Erstaunlich auch die plötzlichen neuen Ergebnisse. Erst am 16.12.1951 hatte es einen Prüfbericht gegeben, der zu versteuernde Mehreinnahmen von 400.000 DM verzeichnet, die teilweise strittig waren, das Unternehmen jedenfalls nicht in seinem Bestand gefährdet hatten. Jetzt berechneten die Prüfer Steuerschulden von rund 2,6 Millionen Mark. Günther und Winkler frohlocken: „Grund genug, den Betrieb zu liquidieren!"[16]

Noch merkwürdiger, wie diese Schulden ermittelt wurden. Die Fahnder schrieben, durch „eingehende Befragungen des verantwortlichen Personals" hätten sie festgestellt, daß von April 1946 bis Oktober 1951 Eintrittsgelder von pro Vorstellung mindestens 1.500 DM hinterzogen worden seien.[17] Diese Zahl legten sie zugrunde und multiplizierten sie einfach mit 1781, der Zahl aller in dieser Zeit durchgeführten Vorstellungen. Das ergab Mehreinnahmen von 2.671.500,00 DM,[18] woraus die Prüfer Umsatz-, Gewerbe- und vor allem Einkommenssteuern von insgesamt 2.375.652,00 DM, also über 90 Prozent der angeblichen Einnahmen, errechneten.[19] Die restlichen

---

13 Vgl. Circus Busch, Programmheft 1946, Druckerlaubnisnr. C 231 347 30 000.
14 Günther/Winkler, 1986, S. 227.
15 Landesarchiv Magdeburg, Rep. M 1 BT, RdB Magd. Nr. 1390, Bl. 62.
16 Günther/Winkler, 1986, S. 227.
17 Landesarchiv Magdeburg, Rep. M 1 BT, RdB Magd. Nr. 1390, Bl. 62.
18 Ebd.

5*

rund 250.000 DM ergaben sich laut einer Status-Aufstellung aus Pfändungskosten, sonstigen Feststellungsbescheiden und „noch zu erwartender Kosten".[20] Die Höhe der Besteuerung legt die Frage nahe, ob diese nicht konfiskatorisch wirkte und damit die Grenzen rechtsstaatlicher Besteuerung überschritt. Nach einem Urteil des Bundesfinanzhofes von 1968 ist das der Fall, wenn der Gewinn völlig weggesteuert wird und die Besteuerung auf das Unternehmen damit eine „Erdrosselungswirkung" ausübt.[21] Im Klartext: Selbst wenn van der Heydt Einnahmen unterschlagen hätte, bliebe offen, ob nicht die Höhe seiner Besteuerung ihn dazu genötigt hat, um das Gewerbe, als das der Zirkus rechtlich galt, überhaupt fortführen zu können.

Zu der Einkommensschätzung fühlten sich die Prüfer nach § 217 der Abgabenordnung (AO) berechtigt, da die Buchführung weder sachlich noch formell in Ordnung gewesen sei. So hätten die verbuchten Privatentnahmen in keinem Verhältnis zu der Lebensführung van der Heydts gestanden. Beweis: 24 Pfund Bohnenkaffee.[22]

Die ganze Prüfung und ihre Dokumentation wurden offenbar willkürlich durchgeführt, um das Unternehmen in den Ruin zu rechnen. Zwar war man bemüht, durch kalkulatorisch korrekte Feststellungen den Anschein der Rechtmäßigkeit zu wahren, jedoch wurden die Grundannahmen beliebig gewählt. Der ganze Verdacht beruft sich auf Zeugenaussagen von Angestellten, die zumindest teilweise das Unternehmen volkseigen sehen wollten, also vermutlich parteilich waren. Die Glaubwürdigkeit der Zeugen wurde nicht überprüft, ebensowenig die Frage, woher sie derart genaue Kenntnisse über die finanziellen Verhältnisse hatten. Der Prüfbericht nennt nicht einmal ihre Namen. Die Oberkassiererin, die aufgrund ihrer Funktion Auskunft hätte geben können, hatte sich Böses ahnend abgesetzt. Sie wurde später vom Landgericht Magdeburg in Abwesenheit zu vier Jahren Zuchthaus und 50.000 Ostmark Geldstrafe verurteilt.[23]

Weiterhin ist höchst fraglich, ob Erkenntnisse über gelegentliche Einkommensverkürzungen, die in Zirkussen gewiß nicht ungewöhnlich sind, pauschal in gleicher Höhe auf den gesamten Zeitraum der Reisetätigkeit seit dem Zweiten Weltkrieg zurück gerechnet werden können, ohne Berücksichtigung der nach Spielort, Jahreszeit und Witterung stark schwankenden Auslastung. Immerhin ging man von erheblichen Verkürzungen aus. Bei Eintrittspreisen von wenigen Mark wären bei den angesetzten 1.500 DM pro Vorstellung jeweils mehrere hundert Karten unversteuert geblieben.

---

[19] Landesarchiv Magdeburg, Rep. M 1 BT, RdB Magd. Nr. 1390, Bl. 64.
[20] Landesarchiv Magdeburg, Rep. M 1 BT, RdB Magd. Nr. 1390, Bl. 66.
[21] BFH-Urteil vom 19.4.1968 III R 78/67, BFHE 92,495.
[22] Landesarchiv Magdeburg, Rep. M 1 BT, RdB Magd. Nr. 1390, Bl. 63.
[23] Vgl. Um Millionen DM betrogen, Nationalzeitung, Berlin (Ost) vom 1.7.1957.

Auch die Befunde, die zur Schätzung führten, sind voller Widersprüche. Kaum wird van der Heydt 24 Pfund Kaffee für den Eigenbedarf gekauft haben, eher diente die in der DDR gefragte Tauschwährung als Gratifikation für seine Belegschaft oder als Geschenk für Geschäftspartner. In diesem Fall war der Kaffee als Betriebsausgabe und nicht als Privatentnahme zu buchen, eine Möglichkeit, die der Prüfbericht nicht in Betracht zog. Der Rückschluß zwischen dem Erwerb der Genußmittel und dem Besitz von Schwarzgeld war deshalb nicht zwingend und als alleinige Grundlage der nachträglichen Steuerfestsetzung in beträchtlicher Höhe nicht ausreichend.

Auch bei der Ermittlung des Unternehmenswertes zwecks Aufrechnung mit den veranschlagten Steuerschulden nahm man im Prüfbericht eine überaus grobe Kalkulation vor und verstieß damit kraß gegen das Gebot der hinreichenden Konkretisierung. Viel Zeit zur Überprüfung der genauen Verhältnisse nahm man sich ohnedies nicht. Der zitierte Abschlußbericht datiert vom 9.1.1952.[24] Kaum zwei Wochen später, die Erbfolge war noch nicht festgestellt und keiner der Erben angehört, steht für Paul Requadt fest, daß „der Circus Busch durch betrügerische steuerliche Manipulationen (...) dem Staate verfallen wird."[25]

Welche Art von „Gefahr im Verzuge" die DDR-Behörden witterten, wird deutlich, wenn man an die potentiellen Erben des Fritz van der Heydt denkt. Nach dem Tod des Eigentümers sei der Zirkus durch die Testamentseröffnung wieder in die Linie Busch gefallen, vermerkt Lina Kilian, geborene Busch, die als Schwester Jakob Buschs zu den Erben gehörte.[26] Wie aus ihrem Schreiben an den Oberbürgermeister der Stadt Magdeburg vom 25.2.1952 hervorgeht, war sie durchaus bereit, das Unternehmen zu übernehmen.[27]

Zum einen bestanden aber wie gesehen bereits feste Absichten, den Zirkus zu verstaatlichen, zum anderen fürchtete man, durch das Beispiel Barlays gewarnt, die im Westen ansässige Familie Busch werde versuchen, den Zirkus aus der DDR in die Bundesrepublik zu überführen. Über die Konstruktion von Steuerschulden ließen sich alle Ansprüche bequem ausschlagen.

Dritter im Bunde der Großzirkusse der SBZ/DDR war der Leipziger Circus Aeros. Auch dieses Unternehmen wußten die verantwortlichen Funktionäre mit scheinbar legalen, fiskalischen Rechenspielen für den Staat zu sichern. In einem internen Schreiben des Innenministeriums der DDR vom

---

24 Landesarchiv Magdeburg, Rep. M 1 BT, RdB Magd. Nr. 1390, Bl. 62.
25 Landesarchiv Magdeburg, Rep. M 1 BT, RdB Magd. Nr. 1390, Bl. 33.
26 Landesarchiv Magdeburg, Rep. M 1 BT, RdB Magd. Nr. 1930, Bl. 25.
27 Netzker behauptete noch nach der „Wende", van der Heydt habe keine Erben gehabt, vgl. Winkler, Gisela, Interview mit Otto Netzker, Circus Zeitung, Nr. 11/93.

29.5.1952 ist statt dessen explizit von der „Enteignungsangelegenheit Zirkus Aeros" die Rede.[28] Das Schriftstück enthält überdies einen Hinweis darauf, warum die SED ihre offensichtlichen Absichten nicht, wie in anderen Bereichen der Wirtschaft in diesen Monaten, noch forscher betrieben hat. Das Sekretariat des Ministerpräsidenten verlangt darin eine sofortige Ermittlung der Gründe der Unterstellung in Treuhandschaft, da dem Vorgang „im Westen Deutschlands große politische Bedeutung beigemessen" werde.[29] Bevor die Fortexistenz zweier deutscher Staaten nicht endgültig festgeschrieben war, wollte die Führung der DDR wegen einem Zirkus die gespannten Beziehungen zur Bundesrepublik und den Westmächten nicht weiter belasten. Man verlegte sich daher darauf, die Aktionen zu verschleiern, was für die Betroffenen allerdings nicht angenehmer war.

Daß man sich staatlicherseits gerade für Aeros interessierte, muß nicht verwundern. Regina Moschek erinnert sich: „Wir reisten mit einem 4-Masten-Zelt. Mindestens 50 Leute waren fest angestellt. Dazu kamen dann noch diverse Saisonkräfte. Im Küchenwagen bekamen wir täglich ein warmes Mittagessen. Die Kostüme wurden gestellt. Die Gagen waren allerdings gering. Im Zirkus-Besitz waren sehr viele Tiere: Schulpferde, Freiheitspferde, Kamele, Büffel, Esel, eine Raubtiergruppe mit Eisbär, Löwen, Leopard, Braunbär, Puma und Kragenbär."[30]

Wie Harry Barlay und Jakob Busch hatte auch Cliff Aeros die Vergnügungssucht der 20er und 30er Jahre für einen rasanten persönlichen Aufstieg aus eher bescheidenen Verhältnissen genutzt. Als Julius Jäger am 4.6.1889 in einer Bahnwärterfamilie geboren, jagte er unverdrossen Stufe um Stufe der gesellschaftlichen Rangleiter empor. Erst schuftete er als Knecht bei einem Bauern, absolvierte dann eine Tischlerlehre und gründete nach einer Zeit als Arbeiter auf einer U-Boot-Werft, später als Gemüsehändler, ein eigenes Geschäft „Möbel-Jäger". Über die Turner-Bewegung kam er zur Artistik. Kurz vor der Inflationskrise 1923 stand Jäger im Varieté „Tivoli" in Neumünster erstmals als Todesspringer auf der Bühne. Bald wechselte er in den Berliner Circus Busch, wo er seinen Künstlernamen Cliff Aeros erhielt. Luftig war seine Darbietung allemal: Er „sprang von einem schwankenden Bambus-Mast, der bis in die Circuskuppel hineinführte, hinunter in die Manege! Nach dreizehn Meter Sturz schleuderte er sich durch einen messergespickten Reifen und drehte nach weiterem 22-Meter-Sturz eine Pirouette um seinen eigenen Körper, unternahm am Ende dieses unerhörten Wagnisses noch einen Hechtsprung quer über die Manege und stand nach einem Sprung von insgesamt 37 Metern auf den Füßen! (...) Ein winziges Versagen, und der Mann war erledigt."[31]

---

[28] Sächsisches Hauptstaatsarchiv, Dresden, LRS Mdl Nr. 4958.
[29] Sächsisches Hauptstaatsarchiv, Dresden, LRS Mdl Nr. 4958.
[30] Moschek, Regina, Berlin, im Interview am 21.1.1999.

Abb. 3: Als Deutschland noch in Trümmern lag, erbaute Cliff Aeros auf dem Grundstück des zerstörten Kristallpalastes in Leipzig einen hölzernen transportablen Zirkusbau. Am 7. Dezember 1945 war Eröffnung. Foto von 1948.

Aeros wurde europaweit bekannt. In Spanien etwa feierte man ihn als „El bolido humano" – die menschliche Sternschnuppe. 1925 fand das später wichtige Gastspiel in Moskau und St. Petersburg statt. Hier ließ Aeros sich aus einer Kanone abschießen, wechselte dann das Genre und raste als erster im Motorrad durch den Kugelkäfig, den er mit einigen Löwen teilte. Mitte der 30er Jahre erhielt er ein Engagement beim Circus Belli, wurde dort bald Geschäftsführer und lernte Babette, die zweitälteste Tochter des Direktors, kennen und lieben. Nach der Heirat Weihnachten 1940 ging das Ehepaar im Frühjahr 1941 erstmals mit einem eigenen Zirkus auf Tournee. Noch während des Krieges verstand es Aeros, sein Geschäft beständig zu arrondieren. Als 1944 das Winterquartier in Strehlen von der Wehrmacht beschlagnahmt wurde, zog er nach Görlitz, wo im Varieté „Zwei Linden" noch bis 1945 Vorstellungen stattfanden. In einem Wald bei Oranienbaum in der Nähe Dessaus erlebte der Zirkus die Kapitulation.

Gleich nach Kriegsende spielte Aeros vor Einheiten der Roten Armee und baute auf dem Grundstück des ehemaligen Kristallpalastes in Leipzig einen transportablen Holzbau auf, ohne Wohlwollen der Besatzer undenkbar. Am 7. Dezember 1945 war die Eröffnung. Im Herbst 1946 gründete er

---

[31] Stosch-Sarrasani, Hans, Durch die Welt im Zirkuszelt, Berlin 1940, S. 156.

Abb. 4 Spektakuläre Nummern prägten das Aeros-Programm, so die Löwengruppe
im Zentralkäfig 1950.

das Aeros-Varieté im Dresdner Lokal „Reichsadler", 1947 und 1948 betrieb
er mit Paula Busch in Berlin die Schau-Arena Astra und kooperierte mit
Harry Barlay. 1949 reiste er dann mit seinem Zwölf-Masten-Zelt erstmals
durch die SBZ. Letzter Höhepunkt seiner Karriere war das an anderer
Stelle bereits erwähnte Gastspiel des Circus Belli zusammen mit dem
Circus Aeros im November 1951 im Leipziger Aeros-Bau unter dem Titel
„Ewig junger Circus".[32]

Diesen Mann konnten die Sozialisten nicht ohne großes Aufsehen ent-
eignen. Doch am 18.2.1952 verstarb er plötzlich, wie es heißt an einer
vereiterten Rippenfellentzündung. Jetzt machten die SED-Funktionäre
Nägel mit Köpfen. Bereits drei Tage nach der Beerdigung des geschätzten
Direktors wurde der Zirkus unter Treuhandverwaltung gestellt.[33] Als Treuhänder setzte die Stadt Leipzig den späteren Direktor des VE Circus

---

[32] Zu Aeros' Biographie auch: Aeros, Cliff, Vom Tischlerlehrling zum Circusdirektor, Berlin 1950, sowie: Böhm, Norbert, Sprung in die Manege. Die Geschichte
des Circus Aeros, Manege – Eine Schriftenreihe für Circusfreunde Nr. 1, Preetz
(Holstein) 1963.

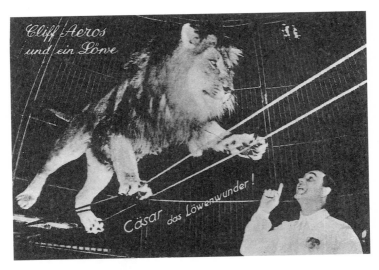

Abb. 5: Mit dem seillaufenden Löwen Cäsar lag Julius Jäger, der sich Cliff Aeros nannte, Weihnachten 1938 im Programm „Menschen – Tiere – Sensationen" das Publikum der Berliner Deutschlandhalle zu Füßen.

Aeros, Karl Langenfeld, ein, der zu diesem Zeitpunkt in der städtischen Kulturverwaltung tätig war. Am 27.2.1952 hatte sich Babette Jäger-Belli, laut Testament ihres Mannes dessen Alleinerbin, im Finanzministerium um die Rückgabe des Unternehmens bemüht. Wie aus einer Aktennotiz hervorgeht, beschlossen bereits am Tag darauf bei einer Beratung von Abgesandten der kommunalen Finanz- und Kulturverwaltung mit dem Treuhänder und Beamten des Finanzministeriums und der Staatlichen Kunstkommission „die Vertreter des Finanzministeriums den Zustand der Treuhandschaft zu lassen".[34] Weiter heißt es, der Treuhänder solle dafür Sorge tragen, daß Frau Aeros in ihrem Wohnwagen vorerst bleiben könne, aber daß jeder Kontakt zu den Zirkus-Mitarbeitern unterbunden werde. Die daraus resultierenden Schwierigkeiten veranlaßten Frau Jäger-Belli, nochmals zu einer Vorsprache nach Berlin zu reisen. Dabei wurde sie im Westsektor Berlins Opfer eines Verkehrsunfalls und mußte in ein Krankenhaus in Westberlin eingeliefert werden. Als sie nach der Genesung nach Leipzig zurückkehren wollte, waren der gesamte Privatbesitz und das Pri-

---

[33] Vgl. Schreiben von Babette Jäger an den Oberbürgermeister der Stadt Leipzig vom 14.7.1953, Stadtarchiv Leipzig, 8314 Bl. 105.

[34] Aktennotiz vom 3.3.1952 der Staatlichen Kommission für Kunstangelegenheiten, Sachbearbeiterin Genthe, Kopie im Archiv Markschiess, Berlin.

Abb. 6: Ein überaus erfolgreiches Zirkus-Team: Babette
Belli-Aeros und Ehemann Cliff, zwei Jahre vor seinem plötzlichen Tod 1952.

vatvermögen von ihr und ihrem verstorbenen Mann gepfändet, ihre persönlichen Wohnwagen verschrottet bzw. zu einem Clubwagen für die Belegschaft umgebaut, womit man ihr jede Existenzmöglichkeit in Leipzig genommen hatte.[35] In der Diktion der Sozialisten hieß es später dazu lapi-
dar, Aeros Witwe sei unter Zurücklassung erheblicher Steuerschulden in
den Westen verzogen.[36]

---

[35] Vgl. Schreiben Babette Belli an Oberbürgermeister der Stadt Leipzig vom
14.7.1953, Stadtarchiv Leipzig, 8314, Bl. 105.
[36] Vgl. Winkler, Gisela, Interview mit Otto Netzker, Circus Zeitung, Nr. 11/93.

Bereits am 27.2.1952 hatten die Finanzbeamten im Circus Aeros angeblich Steuerschulden von 700.000 DM festgesetzt. Auch hier wundert das Tempo der Ermittlungen, das bereits neun Tage nach dem Tod des Vorbesitzers zu abgeschlossenen Berechnungen führte. Wie Babette Jäger-Belli in einer Gegendarstellung zu dem oben zitierten Interview mit Otto Netzker erklärte, sei die Veranlagung zur Steuerschuld erst eingegangen, als der Treuhänder bereits amtlich bestellt gewesen sei.[37] Die Steuerschuld sei berechnet worden, indem man die seit 1945 bestehende GmbH rückwirkend annulliert habe, obwohl diese handelsgerichtlich eingetragen und bei Finanzprüfungen und in Steuerbescheiden stets anerkannt worden sei. Mithin wurden die Gewinne nicht mehr als Firmen- sondern Privateinkünfte angesehen. Daraus ergab sich eine Differenz zwischen der geringeren Körperschafts- und der höheren Einkommensteuer von rund 700.000 DM.[38] Zwar ließen sich trotz intensiver Suche in diversen Archiven keine amtlichen Unterlagen aus dem fraglichen Zeitraum auffinden, die den Vorgang dokumentieren. Schriftliche Quellenbelege für die These der unrechtmäßigen Steuerfestsetzung fehlen damit bisher. Die Enteignungsabsicht kann jedoch unter Hinzuziehung der bekannten Umstände und der genannten Vergleichsfälle als gegeben betrachtet werden, und die Steuerprüfung war das probate Mittel dazu. Ein Faktum, das auch für Bommer, mittelbar immerhin Nutznießer dieser Maßnahme, außer Zweifel steht. Er schreibt, unter dem Vorwand einer angeblichen Steuerhinterziehung habe der Rat der Stadt Leipzig seine Hand auf den Zirkus gelegt.[39]

Bei sorgfältiger Prüfung hätte man nicht derart rasch zu Ergebnissen kommen können. Eine GmbH dient ja gerade dazu, das Privatvermögen von der Haftung auszuschließen. Bei tatsächlichen Steuerschulden wäre allenfalls ein ordentlicher Konkurs in Frage gekommen, der eine Überführung in Volkseigentum aber erschwert und verzögert hätte, zumal Babette Belli ein Teil des Vermögens verblieben wäre.

Als Frau Belli auch 1953 noch, und in der Folge der gelockerten Politik nach dem 17. Juni wohl nicht ohne Erfolgschancen, um die Rückgabe des Zirkus kämpfte, hatten die festgesetzten Steuerschulden für die administrative Argumentation keine sachliche Grundlage mehr. Statt dessen verwies die Staatliche Kunstkommission in einer Stellungnahme auf die hohen Investitionskosten, die der Stadt Leipzig als Treuhänderin entstanden seien. Wenn Frau Belli ihren Wohnsitz wieder in die DDR verlege, was Voraus-

---

[37] Jäger-Aeros, Babette, Gegendarstellung zu Winkler, Gisela, Wie war das damals mit dem volkseigenen Circus (Circus Zeitung Nr. 11/1993), in: Circus Zeitung, Dormagen Nr. 2/1994.

[38] Ebd.

[39] Bommer, 1961, S. 6.

Abb. 7: Mit zwölf Masten war das Aeros-Zelt, hier nach der Verstaatlichung 1953
vor dem Erfurter Dom, eine beachtliche Erscheinung.

setzung für eine Rückgabe war, vertrete man den Standpunkt einer Entschädigung von 400.000 bis 500.000 DM.[40]

Außerdem setzte man unverhohlen auf eine Strategie der Diffamierung: „Das Sachgebiet Kultur und kulturelle Massenarbeit kann daher einer Rückgabe des VE Circus Aeros (...) nicht zustimmen, besonders da es bei der Abteilung Betriebsverwaltungen Unterlagen gibt, die Frau Babette Jäger die Fähigkeit absprechen, ein derartiges Unternehmen verantwortungsvoll zu leiten."[41]

Diese durch nichts belegte Behauptung stellt eine Umdrehung der Tatsachen dar, hatte Frau Belli doch lebenslange Zirkus-Erfahrung und eine ganze, seit Generationen erfolgreiche – und auch in der DDR anerkannte – Zirkus-Familie zur Unterstützung im Rücken. Diese Familie, die erst im März 1952 in Leipzig die Abschiedsvorstellung ihres DDR-Gastspiels gab,[42] war wohl der eigentliche Grund für das blitzartige Eingreifen der DDR-Behörden. Man fürchtete in Wahrheit, wieder an Brumbach und Barlay denkend, mit der Rückreise der Bellis nach Hamburg könnten Teile des Aeros-Marstalls nach Westdeutschland geschmuggelt werden.[43]

---

[40] Vgl. Stadtarchiv Leipzig, 8314, Bl. 127.
[41] Stadtarchiv Leipzig, 8314, Bl. 127.
[42] Vgl. Böhm, 1963, S. 9.

Abb. 8: Auch der verstaatlichte Circus Barlay hielt an der traditionellen Verpackung fest. Hänger der Wintersaison 1952/53.

Im Nachhinein erklärten DDR-Autoren die Bedeutung der drei genannten Unternehmen während ihrer privaten Existenz für gering. So schrieb Harry Michel, Circus Barlay sei im Oktober 1949 ein mittelgroßer Privatzirkus mit mäßigen Programmen gewesen.[44] Hans-Herbert Bommer verkündete, der einstige Privatzirkus Aeros mit seinen 30 oder 40 Wagen, seiner kleinen Raubtiergruppe und seinem spärlichen Pferdematerial sei mit dem heutigen volkseigenen Zirkus gar nicht zu vergleichen.[45]

Resümierend lassen sich derartige Äußerungen eindeutig als ideologisch motivierte Verunglimpfungen erkennen. Barlay, Busch und Aeros, das waren nach dem Krieg die erfolgreichsten Unternehmen in der SBZ/DDR, die sich mit vergleichbaren Zirkussen in Westdeutschland durchaus messen lassen konnten. Nicht zufällig gerieten gerade sie in Volkseigentum. Als

---

[43] Vgl. Günther/Winkler, 1986, S. 228.

[44] Vgl. Michel, Harry, Circus Barlay – vom Mittelzirkus zum VE-Großzirkus, Artistik, Berlin, Nr. 12/1959, S. 5.

[45] Bommer, Hans-Herbert, Circus Aeros. Vom mittleren Privatzirkus zum volkseigenen Großzirkus, Nr. 1/1960, S. 8.

beim Publikum begehrteste und materiell wie künstlerisch potenteste Zirkusse weckten sie Begehrlichkeiten bei Partei und Staat.

Die enge zeitliche Aufeinanderfolge der Verstaatlichungen ist zwar durch „natürliche" Anlässe bedingt, was jedoch nicht bedeutet, daß sich nicht bei einem Fortleben der Direktoren van der Heydt und Aeros mittelfristig andere Anlässe geboten hätten. Die Verstaatlichung war nicht zufällige Folge des historischen Geschehens, sondern die Absicht und das, obwohl dezentral ausgeführt, von zentraler Ebene verfolgte Ziel der Entwicklung. Vor dem Hintergrund dieser Weichenstellungen muß auch das Verhältnis der verbliebenen Privatzirkusse in den 50er Jahren gesehen werden, mit dem sich der folgende Abschnitt befaßt.

2. Wegen Erfolg geschlossen: Circusse Schickler, Baruk und Frankello

Ausnahmslos „Zumutungen unqualifizierter und unkünstlerischer Art" seien die Programme der 28 privaten Zirkusse, wetterte ein unbekannter Verfasser wohl 1952/1953, und alle Unternehmen wiesen in ihrem Geschäftsgebaren Verhältnisse auf, „die in unserer Staatsordnung untragbar sind. (...) Sie (die Staatliche Kunstkommission M. W.) sollte sich den Vorschlag der Gewerkschaft Kunst zu eigen machen, alle diese Zirkusunternehmen durch staatliche Organe wirtschaftlich überprüfen zu lassen. Da sie alle mächtige Steuerschulden haben, ist es nicht mehr als recht und billig, wenn sie gepfändet werden."[46]

Die Zirkusse standen unter Generalverdacht. Liest man Polemiken wie die eben zitierte, drängt sich die Vermutung auf, daß unter dieser Voraussetzung die steuerliche Prüfung individueller Verhältnisse in den privaten Zirkussen nicht im Mittelpunkt stand und nur vordergründig durchgeführt wurde. Diese Vermutung bestätigt der Befund in zahlreichen Einzelfällen. Wann immer das Bedürfnis zu staatlichem Eingreifen bestand, ließ sich eine Handhabe zum Zugriff finden. Dieser erfolgte häufig nicht mittels der zirkusspezifischen Regularien, sondern in Anwendung allgemeiner fiskalischer Repressionsinstrumente. In einem Urteil des Bundesverfassungsgerichtes (BVerfG) vom 24.1.1961 heißt es über das Einkommensteuerrecht der DDR, dieses sei Mittel zur Umgestaltung der Gesellschaft im Sinne der marxistisch-leninistischen Theorie. Der Grundsatz der Gleichheit der Besteuerung sei ihm fremd, es sei ein Instrument des Klassenkampfes. Das BVerfG folgerte: „Es verstößt ganz offensichtlich gegen den Grundsatz der

---

[46] Das Stiefkind Zirkus, Autorenkürzel H.B., Organ und Erscheinungstag unbekannt, vermutlich aber 1952/53, Archiv „Erstes Deutsches Circus-Museum", Preetz.

materiellen Gerechtigkeit und gegen das Rechtsstaatsprinzip."[47] Es wäre lohnenswert, das Steuerwesen der DDR im Hinblick auf die Zirkusse in einem gesonderten Kapitel zu charakterisieren. Da das Steuerrecht der DDR letztlich alle Unternehmen und privaten Gewerbetreibenden betraf, wurde darauf verzichtet. Statt dessen sollen die Wirkungen und Mechanismen des Steuerrechts an drei weiteren Fallbeispielen dargestellt werden, die exemplarisch für viele andere stehen. Auch wenn sich oftmals die Willkür der Maßnahmen nicht konkret belegen läßt, sprechen zahlreiche Indizien wie der Verfahrensablauf selbst dafür, daß ein Großteil der geschlossenen oder zur Republikflucht getriebenen Zirkusunternehmen Opfer steuerlicher Unrechtsbehandlung wurde.

Dabei entpuppen sich die Forderungen der Sozialisten in der Praxis als hochgradig paradox und unehrlich. Offizielle Begründung der Zirkusüberprüfungen war die Forderung nach einer Hebung des künstlerischen Niveaus. Um die Programme zu verbessern, waren die Unternehmen zu einer Ausweitung ihrer Aktivitäten gezwungen. Ein Programm mit mehr und besseren angestellten Artisten und mit mehr Tieren verlangte im Gegenzug zur Deckung der Kosten mehr Publikum und damit größere Geschäfte und mehr Werbung, da die Eintrittspreise festgelegt waren und nicht erhöht werden konnten. Tatsächlich gerieten oftmals aber eben die Zirkusse ins Visier von Partei und Behörden, die diesen Kurs eingeschlagen hatten. Mittels „Steuerschulden" konnte man diese Geschäfte bequem liquidieren, ohne künstlerisch argumentieren zu müssen.

Ein solches Schicksal erfuhr im Herbst 1952 der Circus Baruk. Zwar war der 1910 geborene Eigentümer Gerhard Babubke erst 1949 ins Zirkusgeschäft eingestiegen, hatte sein Unternehmen aber rasch zu erheblicher Größe ausgebaut. In den ersten Nachkriegsjahren hatte er für die SMAD gearbeitet und, seine Kontakte nutzend, von dieser wohl noch die Lizenz für seinen Zirkus erhalten. Für die Saison 1952 wurde Circus Baruk wie erwähnt von der Staatlichen Kunstkommission bereits in die zentrale Tourneeplanung der fünf größten Unternehmen einbezogen.[48]

Im Bericht über eine Kontrolle im Sommer 1951 hieß es wohlwollend, der Circus bringe in seinem Programm zirzensische und artistische Darbietungen, die auf eine gewissenhafte und saubere Arbeit schließen ließen. Das Unternehmen mache äußerlich einen guten Eindruck. Die Wagen seien sauber aufgestellt, die Innenräume für die Artisten ordentlich.[49] Ein überzeugter Sozialist war Babubke allerdings wohl nicht; die Prüfer bemängel-

---

[47] BVerfG-Beschluß vom 24.1.1961, BVerfGE Bd. 12, S. 99.
[48] Vgl. Schreiben des Circus Baruk vom 21.11.1951, BArch, DDR 1 6051.
[49] Vgl. Kontrolle des Circus Baruk in Schmölln/Thüringen am 18.6.1951, BArch, DDR 1 6051.

ten jedenfalls das Fehlen üblicher Solidaritätsbekundungen: „Losungen waren nicht angebracht. Herr Baruk wurde auf die Bedeutung einer guten und für jeden Zirkusbesucher sichtbar angebrachten Losung aufmerksam gemacht." Auch mit den Entrées waren sie unzufrieden: „Die Clownerie war wie in den anderen Zirkussen als sehr mangelhaft anzusehen."[50] Der Geschäftsführer habe aber bereits einen neuen Text vorgelegt, schließt das Protokoll versöhnlich.

Ein halbes Jahr später bestimmen andere Töne die staatliche Korrespondenz über den Zirkus. Die Abteilung Volksbildung des Berliner Magistrats fordert am 6.12.1951 eine weitere Überprüfung, da Babubkes Geschäftsgebaren auf eine Ausbeutung der bei ihm Engagierten hinauslaufe, und da seine Reklamemethoden höchst unsauber und marktschreierisch seien.[51] Über konkrete Vorfälle verliert das Schreiben kein Wort. Offenbar war es bereits Teil einer längerfristigen Diffamierungsstrategie. Für die spätere Interpretation des Sachverhalts sei daran erinnert, daß der Abteilung Volksbildung zu diesem Zeitpunkt bereits der Circus Barlay mit seinen gravierenden materiellen und finanziellen Schwierigkeiten unterstand.

In den Akten finden sich in der Folge diverse Forderungen an den Zirkus, zu dessen Begleichung sich die Gläubiger hilfesuchend an die lizensierende Landesregierung oder die Staatliche Kunstkommission wandten. Beispielsweise stellte die Stadt Königs Wusterhausen für ein Gastspiel vom 13. bis 15.10.1951 eine Summe von 126,40 DM in Rechnung.[52] Auch die übrigen Beträge sind verhältnismäßig gering und ergeben addiert kaum mehr als einige tausend Mark. Darauf angesprochen, schrieb Baruks Geschäftsführer Legel sichtlich bemüht seitenlange Erklärungen zu jeder Forderung. So könnten durch die häufigen Platzwechsel einige Rechnungen nicht noch am Ort beglichen werden. Man sei jedoch um ein sauberes Geschäftsgebaren bemüht und bitte aus diesem Grunde, die Spielerlaubnis nicht zu entziehen.[53]

Dafür scheint es aus der Sicht der Kunstkommission vorerst keinen Grund gegeben zu haben. Diese stellte am 20.3.1952 eine bis Ende Juni gültige Spielerlaubnis aus und bat die Landesregierung Sachsen-Anhalt, eine endgültige Lizenz zu erteilen.[54]

---

[50] Ebd.

[51] Vgl. Schreiben Abt. Volksbildung des Magistrats von Groß-Berlin an Staatliche Kunstkommission vom 6.12.1951, BArch, DDR 1 6051.

[52] Schreiben des Rates der Stadt Königs Wusterhausen vom 25.1.1952, BArch, DDR 1 6051.

[53] Schreiben Circus Baruk an Staatliche Kunstkommission vom 5.2.1952, BArch, DDR 1 6051.

[54] Vgl. Schreiben Amt für Information, Abt. Darstellende Kunst, an Landesregierung Sachsen-Anhalt, ohne Datum, BArch, DDR 1 6051.

Für dieses Vorgehen spielt die Geschichte eines anderen Unternehmens eine entscheidende Rolle. Im Juni 1950 hatte der westdeutsche Mittelzirkus von Alois Schickler eine Einreisegenehmigung des Amtes für Information, dem später die Staatliche Kunstkommission zugeordnet war, erhalten, die verbunden war mit der Zusicherung für unbehinderte Rückkehr in die Bundesrepublik.[55] Dieses Schreiben war wertlos: Bei einer Überprüfung im Herbst 1951 wurden „ganz erhebliche Steuerschulden" konstatiert, die erst 500.000 DM betrugen, bei einer Nachkontrolle noch die Hälfte, nämlich 240.000 DM.[56] Ob diese Schulden tatsächlich ganz oder teilweise bestanden haben oder unzulässig errechnet wurden, läßt sich nicht endgültig feststellen; die Spannweite deutet auf eine gewisse Willkür bei der Festsetzung hin. Jedenfalls einigte sich Schickler, wohl um das Schlimmste zu vermeiden, mit dem Finanzamt Bernau, seinen kompletten in der DDR befindlichen Besitz 1952 dem Circus Baruk zu verpachten und dort mit seiner Familie als engagierte Artisten aufzutreten. Die Pachtsumme sollte das Finanzamt als Abschlag auf die Steuerschulden erhalten. Abteilungsleiter Bork schrieb demgemäß in erwähntem Brief an die Landesregierung in Halle: „Aus diesem Grunde befürworten wir eine Lizenzerteilung (für Circus Baruk, M. W.), da auch sonst keine Gründe bekannt sind, die gegen die Erteilung einer Spielerlaubnis sprechen würden."[57]

Im Zusammenhang mit der allgemeinen Verstaatlichungswelle im Herbst 1952 ordnete die Staatliche Kunstkommission eine Überprüfung aller zirzensischen Reisebetriebe an, gegen die in der gelenkten Öffentlichkeit der universale Vorwurf kapitalistischer Ausbeuter erhoben wurde. Am 18. und 19. Oktober prüften Fahndungsbeamte in Stendal den Circus Baruk. Ihr wenig verwunderliches Ergebnis: Steuerschulden bei Baruk und Schickler von rund 100.000 DM.[58] Trotz der zahlreichen Unterlagen wird über Art und Zustandekommen der Steuern nichts vermerkt. Im Jahr 1951 scheint der Zirkus Baruk seine Steuern ordnungsgemäß abgeführt zu haben, da er sonst 1952 keine Spielerlaubnis erhalten hätte. Alle Unterlagen sprechen gegen eine außergewöhnlich unsolide Buchführung, so daß in diesem Fall ebenfalls der Verdacht konstruierter Steuerschulden besteht. Dieser wird erhärtet durch die überlieferten Verhandlungsprotokolle der beteiligten staatlichen Stellen. Zu keinem Zeitpunkt wurde eine umfassende Prüfung der Verhältnisse vorgenommen. Es gab auch keinerlei Verhandlungen, wie die

---

[55] Vgl. Aktennotiz Abteilung Darstellende Kunst, Referat Kleinkunst vom 8.12.1952, BArch, DDR 1 6051.

[56] Ebd.

[57] Schreiben Amt für Information, Abt. Darstellende Kunst, an Landesregierung Sachsen-Anhalt, ohne Datum, BArch, DDR 1 6051.

[58] 1. Aktennotiz der Abteilungsleiterin Kleinkunst der Staatlichen Kunstkommission, Timmerberg, ohne Datum, BArch, DDR 1 6051.

Schulden beglichen werden könnten. Das Recht auf Gehör der Betroffenen scheint vollkommen mißachtet worden zu sein. Die Auflösung des Circus Baruk war von Beginn an beschlossene Sache.

Die Staatliche Kunstkommission entsandte am Sonnabend, dem 25.10.1952 einen Mitarbeiter vom Circus Barlay zur Sicherung des Zirkusmaterials nach Rathenow, wo Circus Baruk gastierte. Zirkusangestellte von Baruk versuchten, Material und Wagen dem staatlichen Zugriff zu entziehen. Der Bevollmächtigte für die Sicherstellung schreibt in seinem Bericht: „So konnte ich allein am 1. Nachmittag fünf Wagen sicherstellen, die bereits mit Zugmaschinen versehen, nach Westberlin gehen sollten."[59] Auf offiziellem Wege versuchte der ehemalige Schickler-Geschäftsführer Schober, einen Teil des Materials nach Westdeutschland auszuführen. Das jetzt zuständige Finanzamt Straußberg teilte der Kunstkommission mit, die noch bestehende Steuerschuld des Circus Schickler sei durch das im Winterquartier in Hoppegarten verbliebene Material „vollauf gedeckt".[60] Die Kunstkommission genehmigte die Ausreise, zog die Genehmigung aber auf dringende Bitte des Finanzministeriums alsbald zurück. Dieses habe mitgeteilt, aufgrund eines Rechenfehlers betrage die verbliebene Steuerschuld nicht 123.000 sondern 176.800 DM.[61] Die innerhalb weniger Tage erheblich variierenden Zahlen erwecken den begründeten Verdacht, als wollte man damit um jeden Preis eine Ausfuhr des Materials verhindern.

Während Schickler sich rechtzeitig in den Westen absetzen konnte, wurden Babubke und seine Frau in der Nacht zum 27.10.1952 bei einer versuchten Westflucht festgenommen. Am 31.10.1952 wurde das gesamte Material in einem Sonderzug nach Berlin Hoppegarten ins Winterquartier des Zirkus Barlay verfrachtet. Bereits am 8.11.1952 wurde von Vertretern der Staatlichen Kunstkommission, dem Hauptamt Kunst des Berliner Magistrats und der Landesleitung der SED beschlossen, das Material des Circus Baruk-Schickler „schnellstens und ausschließlich" dem Circus Barlay in treuhänderische Verwaltung zu geben.[62] Am 13.11.1952 wurde dieser Vorgang offiziell umgesetzt.

Nicht zufällig sollte die Ausfuhr des Materials verhindert werden, nicht zufällig kam der Bestand von Baruk und Schickler zu Barlay. Dieser habe, schrieb das verantwortliche Hauptamt Kunst in der Berliner Abteilung für Volksbildung, die Saison 1952 nur mit „äußersten Transportschwierigkei-

---

[59] Bericht an die Staatliche Kunstkommission vom 8.12.1952, BArch, DDR 1 6051.

[60] Aktennotiz Abteilung Darstellende Kunst, Referat Kleinkunst vom 8.12.1952, BArch, DDR 1 6051.

[61] Ebd.

[62] Aktennotiz Staatliche Kunstkommission, Abteilungsleiterin Timmerberg vom 8.11.1952, BArch DDR 1 6051.

ten" bewältigt und könne ohne eine „wesentliche Aufbesserung seines Fahrmaterials" 1953 nicht mehr auf Tournee gehen. Die dazu nötigen Subventionen von 750.000 DM könnten jedoch nicht zusätzlich aus dem Kulturhaushaltsetat bestritten werden, der bereits Zuschüsse von 1,1 Millionen DM vorsehe.[63] Da kam die Auflösung des Unternehmens Baruk gerade recht. Mit dem Finanzministerium wurde vereinbart, das Material auf dem Wege der Umschreibung in Volkseigentum des Circus Barlay umzuwandeln. Das Hauptamt Kunst frohlockte: „Das Material umfaßt neben 55 Wohn- und Materialwagen ca. 85 Pferde, darunter sehr kostbare Dressurpferde. Außerdem stehen zwei Chapiteaus, 1 Tierkäfig, 2000 L Dieselöl, mehrere neue Reifen und Schläuche, sowie anderes Material zur Wiederherstellung des Wagenparks Barlay in reichhaltigstem Maße zur Verfügung."[64] Mit der Übernahme des Baruk-Schickler-Materials habe die grundsätzliche Existenzfrage des Circus Barlay geklärt werden können.[65] Der Zweck rechtfertigte hier ganz offensichtlich die Mittel. Der Treuhänder hatte ein vehementes Eigeninteresse an der Auflösung des Treuhandbetriebes, die Eigentümer hatten daher keine Chance, zumal nicht die Möglichkeit einer gerichtlichen Überprüfung bestand.[66] Diese Interessenkollision war bei der Beschlagnahme privater Zirkusse der Regelfall, da das Material praktisch immer von den volkseigenen Zirkussen übernommen wurde.

Allerdings war dieses Vorgehen unter den DDR-Behörden nicht unumstritten. Nach anfänglicher Zustimmung verweigerte sich das Finanzministerium zunächst dieser Lösung, wollte das Material an den Berliner Magistrat oder meistbietend anders verkaufen. Unabhängig von der Frage der Rechtmäßigkeit der Pfändung wollten die Ministeriellen das Material „zur Deckung des Finanzbedarfs des Staatshaushaltes" nutzen.[67] Schließlich setzte sich das Hauptamt Kunst des Magistrats durch mit der Argumentation, es sei eine „politische Frage, inwieweit man wertvolles Material wieder in die Hände von Privatunternehmen" legen wolle. Diese Frage wurde natürlich verneint.[68]

Fraglich ist, ob der Wert des gepfändeten Materials nicht wesentlich größer war, selbst als die vermutlich völlig überhöht veranschlagten Steuer-

---

[63] Schreiben Magistrat von Groß-Berlin, Hauptamt Kunst an Staatliche Kunstkommission vom 9.12.1952, BArch DDR 1 6051.

[64] Aktenvermerk Magistrat von Groß-Berlin, Hauptamt Kunst vom 14.11.1952, BArch, DDR 1 6051.

[65] Schreiben Magistrat von Groß-Berlin, Hauptamt Kunst an Staatliche Kunstkommission vom 9.12.1952, BArch DDR 1 6051.

[66] Die Prüfung von Steuerbescheiden war nach der „Verordnung über die Rechte der Bürger im Verfahren der Erhebung von Abgaben" vom 13.11.1952 ausschließlich der Verwaltung überlassen, siehe: Nachprüfungsverfahren der Abgabenverwaltung, GBl DDR 1952, S. 1211.

[67] Ebd., S. 2.

[68] Ebd., S. 2.

schulden, ob also nicht ein Teil des Bestandes an die Alteigentümer hätte zurückgegeben werden müssen. Nur die Töchter Schicklers, Edith und Ingrid, erhielten sechs Pferde, die nachweislich ihr Privateigentum waren, zurück.[69]

Selbst die Abteilungsleiterin der Staatlichen Kunstkommission war sich nicht sicher, daß das gewählte Verfahren juristisch tragfähig war: „Wir halten es für erforderlich, daß die Übergabe der Wertbestände Baruk-Schickler an den Zirkus Barlay und das Verfügungsrecht von unserem juristischen Fachberater überprüft und ggf. eine neue Vereinbarung auf Rechtsgrundlage getroffen wird."[70] An der prinzipiellen Entscheidung hätte das freilich nichts geändert.

Akzeptiert hat Schickler seine Enteignung nicht. Schon in ihrem Bericht im Dezember 1952 hatte Abteilungsleiterin Timmerberg gewarnt, es beständen weiterhin enge Kontakte zwischen den verbliebenen Artisten und Zeltarbeitern und den „Schickler-Leuten" in Westberlin.[71]

In den frühen Morgenstunden des 22.4.1953 versuchten 16 ehemalige Arbeiter und angeheuerte Kräfte, Schicklers Pferde aus dem Berliner Winterquartier von Barlay zu schleusen und in den Westen zu überführen. Er selbst wagte sich nicht über die Sektorengrenze. Das Vorhaben flog jedoch auf, die Täter wurden gestellt und festgenommen. Die DDR-Propaganda hatte ein gefundenes Fressen. „Neues Deutschland" schrieb: „Dieser Raubüberfall beweist erneut eindeutig, daß es in den Westsektoren Berlins bewaffnete Banden gibt, die unter Anleitung amerikanischer Agenten versuchen, durch Schädlingsarbeit unseren Aufbau zu stören. Der Reuter-Senat und die Stumm-Polizei unterstützen diese Banden (...), indem sie die Hetze und den Terror gegen Friedensfeinde und aufrechte Patrioten verstärken."[72] In noch pathetischerer Form wußte die DEFA (Deutsche Filmaktiengesellschaft) den Stoff zu verarbeiten: Im Kinofilm „Alarm im Zirkus" wurden zwei Junge Pioniere ganz im Stil des sozialistischen Realismus zu Helden stilisiert. Im Buch zum Film heißt es abschließend in stockend-schwülstiger Prosa:

> „Klaus hatte ein frohes und glückliches Gesicht. Er trug das blaue Halstuch der Pioniere. Er saß in der Ehrenloge des Zirkus Barlay. Links neben ihm saßen Helli und Karli und rechts von ihm Max. (...) Der große rote Vorhang teilte sich, und

---

[69] Einige Ponies und Wagen wurden auch dem VEB Zirkus Busch als Treuhänder des Circus Nock sowie dem Privateigentümer Schmidt übergeben. Vgl. Bericht an die Staatliche Kunstkommission vom 8.12.1952, BArch, DDR 1 6051.

[70] Aktennotiz Abteilung Darstellende Kunst, Referat Kleinkunst vom 8.12.1952, BArch, DDR 1 6051.

[71] Ebd.

[72] Volkspolizei verhinderte bewaffneten Überfall auf den Zirkus Barlay, „Neues Deutschland", Berlin (Ost) vom 28.4.1953.

ein Elefant kam hervor. Mit dem Rüssel trug er zwei Paar Boxhandschuhe hoch in der Luft. Er lief würdevoll mitten durch die Manege auf die Ehrenloge zu und hielt Klaus und Max die Boxhandschuhe vor die Nase. (...) Die beiden Freunde sahen sich an, sprachlos vor Staunen und Freude. (...) Die Szene ging unter im Jubel. Der rote Vorhang flutete auseinander – und die Pferde galoppierten in die Manege, die geretteten Pferde."[73]

Die Rahmenhandlung ist natürlich völlig fiktiv. Dennoch sei der erinnernde Hinweis gestattet, daß der Circus Barlay nach der Flucht Harry Barlays überhaupt keine Elefanten mehr besaß. Eben weil die Dickhäuter in der DDR eine kostbare Rarität waren, durfte Circus Frankello nicht ausreisen.

Frankello – mit diesem Unternehmen verbanden Zirkusfreunde über Jahrzehnte vor allem den Namen Sahib. Privat hieß der einzige dressierte Elefantenbulle der DDR schlicht August, und er war nicht nur Höhepunkt des Manegen-Programms und der Werbeprozessionen durch die Gastspielorte, sondern gleichberechtigtes Mitglied der Zirkus-Familie. Wohl 1933 hatte Direktor Georg Frank das Jungtier bei der Tierhandelsfirma Hagenbeck in Hamburg-Stellingen gekauft. Seitdem war der Elefant mit den Franks durch Deutschland gezogen und nicht von ihrer Seite gewichen. „Man könnte ein Buch über ihn schreiben"[74], urteilte der ehemalige Direktor des Tierparks in Berlin-Lichtenberg. Um den Dickhäuter ranken sich in Zirkuskreisen zahllose Anekdoten. Am Schluß dieses Abschnitts soll die in diesem Zusammenhang wichtigste Begebenheit erzählt werden, als der Elefant sich strikt weigerte, volkseigen zu werden und Gegenstand wurde der wohl kuriosesten Familienzusammenführung in der Geschichte der DDR.

Vermutlich noch in der ersten Hälfte des 19. Jahrhunderts entstand in München der erste Zirkus der Familie Frank, die seitdem mit verschiedensten Geschäften tätig war. Die Ursprünge des späteren DDR-Zirkusses liegen im Jahr 1911, als der Vater des späteren Besitzers, Georg Frank senior, in Güstrow einen kleinen Dorfzirkus gründete. Im Jahr darauf wurde der Sohn Georg junior geboren. Während des Ersten Weltkrieges mußte Frank wie viele andere seine Arbeit unterbrechen, 1919 begann der Aufbau von neuem. Daß er die Weltwirtschaftskrise überstand, spricht für eine gewisse Solidität des Unternehmens. Ständig steigenden Kosten für Personal, Futter und technisches Gerät standen sinkende Einnahmen gegenüber, da sich ein Großteil des traditionell weniger gut situierten Publikums der Familienzirkusse den Besuch nicht mehr leisten konnte.[75]

---

[73] Kohlhaas, Wolfgang/Kubisch, Hans, Alarm im Zirkus. Literarisches Szenarium zu einem Kinofilm, Berlin (Ost) 1954, S. 90 f.

[74] Dathe, Heinrich, Erlebnisse mit Zootieren, Wittenberg 1974, S. 158.

[75] Nur elf Zirkusse überstanden die Krise 1929/30, 39 gaben auf, vgl. Das Programm, Nr. 1613 vom 5.3.1933, zit. nach Günther/Winkler, 1986, S. 133 f.

Abb. 9: Sahib, imposanter Star vom Mittelzirkus Frankello, mit seinem Dompteur
Karli Frank 1955.

Im Umfeld der aufgeheizten politischen Auseinandersetzungen am Ende der Weimarer Republik wurde Frank senior 1932 – wie es scheint als Unbeteiligter – in einem Wirtshaus erschossen. Der Sohn, genannt „Ralle", übernahm nun mit der Mutter Lucie den Zirkus, den er in den Folgejahren beständig erweiterte.[76] So kam nun auch Sahib in das Familienunternehmen. Der 3,4 Meter hohe und 100 Zentner schwere Elefant hätte mit seinem Futterbedarf einen Kleinstzirkus gewiß überfordert.

Frank war politisch unscheinbar, der Zirkus generell ließ sich jedoch leicht mit dem Körperkult der NS-Ideologie verbinden. Während des Krieges trat die Erheiterung und Ablenkung der Bevölkerung als „vaterländische Aufgabe" in den Vordergrund, weshalb die Reisetätigkeit der Zirkusse durch das NS-Regime nicht behindert wurde.

Anfang 1945 blieb der Zirkus, der in Pommern gastiert hatte, in den westwärts strebenden Flüchtlingstrecks stecken und konnte sein Winterquartier bei Hamburg nicht mehr erreichen. Von der Roten Armee überrollt, blieb ihm nichts übrig, als in der SBZ zu verbleiben.

Schon bald nach Kriegsende, spätestens im Frühjahr 1946, begann die Familie, erneut zu reisen. 1950 zog Ralle mit einem Vier-Masten-Zelt für rund 900 Besucher, 21 blau-weiß gestrichenen Wagen, zehn Pferden, dem Elefanten, verschiedenen Kleintieren und seinen damals acht Kindern durch die DDR. Trotz aller Beschränkungen scheint er gut verdient zu haben. 1952 führte man bereits ein Kamel, einen Braunbären, ein Löwenpärchen und verschiedene Affenarten mit.[77] Im selben Jahr wurde bei einem Unwetter das Zelt zerstört, so daß die Familie Saalgastspiele geben mußte, u.a. im Varieté „Lindenhof" in Zwickau.[78] Bereits in der nächsten Saison hatte man ein neues Zelt, jetzt insgesamt 36 Wagen und 32 Pferde. „Die Familie war vor allem für ihre vielseitigen Pferdedressuren bekannt. Der Georg hatte die Kinder ausgezeichnet ausgebildet."[79]

Die Schwelle zum Mittelzirkus wurde schließlich 1954 überschritten, als mehrere engagierte Artisten mit spezialisierten Darbietungen sowie professionelle Musiker das von Familienangehörigen getragene Programm ergänzten. Die Trapez-Nummer der „3 Pricides" mit dem doppelten Salto mortale bei verbundenen Augen wurde von keinem anderen DDR-Zirkus überboten.

Bis Anfang 1957 konnte Frank sein Unternehmen beständig vergrößern, auf zuletzt etwa 60 Wagen und 40 Pferde. 1956 kam mit „Radja" ein wei-

---

[76] Der ältere Sohn Walter war in Zirkussen der Familien Althoff und Carl Schmidt engagiert. 1935 machte er sich unter eigenem Namen selbständig, mußte 1942 aber wieder aufgeben.

[77] Vgl. Circus Frankello, Programmheft 1952.

[78] Vgl. Probe um Mitternacht, Freie Presse Zwickau vom 24.1.1953.

[79] Hallmann, Klaus, Waldkraiburg, im Interview am 22./23.2.1999.

Abb. 10: Exotische Bilder nach dem Krieg: Zwei der Frankello-Söhne mit ihren Exoten auf Zuschauerfang 1948 in Ribnitz.

terer Elefant hinzu – allerdings im Baby-Alter. „Unter dem strengen Regiment von Georg Frank hatte sich ein richtig schöner, sehr ansehnlicher privater Zirkus entwickelt. Da waren uralte Komödianten-Traditionen lebendig."[80]

Oberflächlich arrangierte sich Frank zunächst mit den veränderten politischen Bedingungen. So finden sich in seinen Programmheften die geforderten Widmungen wie „Unsere Arbeit dient dem Frieden!" oder „Artisten sind Kämpfer für den Frieden!"[81] Auch die bei den Sozialisten beliebten Banner ließ er anscheinend aufhängen. Diese Loyalität mag eine Ursache sein, weshalb man ihn zunächst gewähren ließ. Ein zweiter Grund liegt in der Chronologie seines Aufstiegs. Während der ersten Verstaatlichungswelle 1952 war der Zirkus noch eher unscheinbar, sein Erfolg in keiner Weise abzusehen. Vielmehr war durch das zerstörte Chapiteau ein natürlicher Zusammenbruch durchaus nicht auszuschließen.

Neben Renz-Nock und Hill gehörte Frankello seit Mitte der 50er Jahre unbestritten zu den potentesten Zirkussen der DDR,[82] war mit seinen expansiven Tendenzen womöglich der Größte im Kommen. Trotzdem waren die gesellschaftlichen Veränderungen, die in eine konträre Richtung liefen,

---

[80] Ebd.
[81] Circus Frankello, Programmhefte 1952 und 1954.
[82] Vgl. Günther/Winkler, 1986, S. 238.

Abb. 11: Mit Straßenparaden machten die zum Mittelzirkus gewachsenen „Frankellos" wie hier bei einem Gastspiel in Grimma zwischen 1956 und 1957 auf sich aufmerksam. Vor allem der gewichtige Elefantenbulle August (Sahib) und sein Baby-Kollege Radja waren für viele Passanten ein Grund, stehen zu bleiben.

für Frank unübersehbar. „Die Stimmung hatte sich 1957 deutlich verschlechtert unter den privaten Zirkussen. Gerüchte über Enteignungen und andere Schikanen machten die Runde."[83] Im März 1957 schickte Frank die fünf älteren seiner inzwischen zehn Kinder mit 25 Pferden, zwei Hirschen und fünf Affen als Frankello-Truppe in ein Engagement zum westdeutschen Circus Willy Hagenbeck.[84]

West-Engagements waren zu dieser Zeit durchaus noch möglich. Sie dienten der jungen DDR neben der dringend benötigten Sympathiewerbung auch als willkommene Devisenbringer. Frank hatte wahrscheinlich schon im Frühjahr die Absicht, der DDR auf Dauer den Rücken zu kehren. Einen Teil seines Materials brachte er auf diese Weise in Sicherheit. Seine Kinder sollten gleichzeitig den Namen „Frankello" im Westen bekannt machen.

---

[83] Edmund Frank, Sohn von Ralle, Riesa, im Interview am 27.7.1998.
[84] Vgl. Circus Frankello wählte die Freiheit, Hannoversche Zeitung, Hannover 30.12.1957.

Zu dieser Erkenntnis kamen vermutlich auch die Behörden der DDR, die im Zusammenhang mit der Ausreisegenehmigung am 22.2.1957 eine Überprüfung des Unternehmens durchführten und Steuerschulden von 36.500 DM veranschlagten.[85] Dieser Bescheid wurde von Frank wohl beglichen, denn bis Ende Oktober besaß er eine gültige Lizenz und reiste mit dem Rest seines Zirkus durch die DDR. Danach erhielt der Zirkus eine weitere Genehmigung zur Spielverlängerung bis zum 15.11.1957.

Frankello-Geschäftsführer Möller beantragte währenddessen beim Ministerium für Kultur, die Ausreise der restlichen Familie mit ihren Tieren zu befürworten. Offiziell wollte man während der Wintermonate mit dem westdeutschen Circus Fischer in der Bundesrepublik eine Hallentournee veranstalten. Zelt und Wagenmaterial sollten in der DDR verbleiben. Dem Geschäftsführer wurde jedoch bedeutet, daß man die Ausreise der Elefanten nicht genehmigen werde, da sie für Zuchtzwecke von Bedeutung seien.[86]

Jetzt setzte Frank alles auf eine Karte. Wohl am 27.11.1957 versuchte er, mit seinem Zirkus über die Grenze zu gelangen. „Es war alles geheim geplant. Wir und die meisten Tiere reisten mit einem Sonderzug bis an die Grenze. Nur der schwere Elefantenwagen mußte separat transportiert werden. Leider hatte das Gefährt einen Achsenbruch. Wir hatten schon die West-Lok vor den Wagen, und der West-Fahrer wollte uns über die Grenze fahren. Aber aus Rücksicht auf die Elefanten und meine Geschwister, die dabei waren, mußten wir umkehren."[87]

Franks offizieller Ausreiseantrag wurde zwei Tage später mit Hinweis auf seine versuchte Republikflucht abgelehnt. Gleichzeitig erschienen am Morgen 14 Volkspolizisten und Steuerfahnder, die eine erneute Betriebsprüfung durchführten, Steuerschulden von ca. 100.000 DM festsetzten und dinglichen Arrest über Franks Vermögen und das seiner Kinder verhängten. „Dabei hatten wir aus der Kaution, die für die Lizenz hinterlegt werden mußte, sogar noch ein Steuerguthaben."[88]

Am 19.12.1957 wurde das gesamte Material durch einen Beschluß des Kreisgerichts Ludwigslust gepfändet und im wesentlichen dem VEB Circus Barlay übergeben. Leider liegen amtliche Unterlagen zu diesem Vorgang nicht vor. Die Steuerprüfungen im Februar und November 1957 und ihre Ergebnisse waren mit ziemlicher Sicherheit kein Zufall. Alle Umstände sprechen deutlich für eine politisch motivierte Steuerfestsetzung. Zur selben

---

[85] Vgl. Winkler, Dietmar, Manuskript 1971, S. 20.
[86] Vgl. Circus Frankello wählte die Freiheit, Hannoversche Zeitung, Hannover 30.12.1957.
[87] Edmund Frank, Riesa, im Interview am 27.7.1998.
[88] Ebd.

Zeit, als das einheitliche Lizenzierungsverfahren eingeführt wurde, verließen auch die Familien Hill und Nock mit Teilen ihres Materials die DDR.

Irgendwann vor Weihnachten setzte sich Georg Frank mit dem Rest seiner Familie und einigen Angestellten, insgesamt 13 Personen, nach Westberlin ab und kam im Flugzeug in die Bundesrepublik.[89] Im Winterquartier von Willy Hagenbeck in Hameln fand die Familie vorerst Aufnahme. Die rasche Flucht war nicht unbegründet: Ein Gericht im Berliner Bezirk Lichtenberg, wo der Zirkus zuletzt seinen Wohnsitz hatte, verhängte im Dezember einen Haftbefehl gegen Georg Frank wegen des Verdachts der Republikflucht. Der ließ sich nicht mehr vollstrecken. Der Verdacht hatte sich bereits bewahrheitet.

Zwar hätten die Franks Zelt und Wagen für einen Neuanfang in der Bundesrepublik gut gebrauchen können, doch war das wertvollste Material auf legalem Weg rechtzeitig in den Westen gelangt. Die Verbitterung der DDR-Funktionäre über diese mit Dreistigkeit geglückte Flucht wurde nur gemildert durch den mächtigen Elefanten, der in der DDR verbleiben mußte. Durch Ausreizen aller Tricks vermochten die Franks, auch diese Trumpfkarte wieder einzustreichen.

Bis Ende 1957 blieb Georgs Sohn Karli beim Ostberliner VE Circus Barlay, wo er mit Sahib im Engagement auftrat. „Am Tag nach der letzten Vorstellung war der Karli verschwunden, hatte sich in die S-Bahn gesetzt und war weg."[90] Danach blieben 15 Pferde, zwei Kamele und ein Braunbär in der DDR zurück – und die zwei Elefantenbullen. „Wir sind praktisch wie die Jungfrau zum Kind bzw. zu den Elefanten gekommen. Der kleine war interessiert, den haben wir mit auf Tournee genommen. Aber der große hat keinen an sich rangelassen – und das wußten die Franks ganz genau. Der war völlig auf die geprägt."[91]

Als sich herausstellte, daß sich mit dem Bullen Sahib nichts anfangen ließ, willigten die DDR-Behörden 1958 letztendlich in eine merkwürdige Tauschaktion ein, die der Zoo Hannover und das Auswärtige Amt in Bonn vermittelten. Für eine junge indische Elefantenkuh sollte Sahib in den Westen ausreisen dürfen. Der Austausch fand in Magdeburg statt, wo Circus Barlay gerade gastierte. Zwei Vertreter der Franks kamen über den Grenzübergang Helmstedt. Walter Ulbricht persönlich soll ihnen Straffreiheit und freies Geleit garantiert haben.[92] „Mit Mühe und Not hatten wir Sahib in Berlin verladen in einen Eisenbahnwagen, und der fuhr also nach

---

[89] Vgl. Ein Zirkus flüchtete nach Hameln, Deister- und Weser-Zeitung (DEWE-ZET), Ausgabe Hameln 30.12.1957.

[90] Hallmann, Klaus, Waldkraiburg, im Interview am 22./23.2.1999.

[91] Ebd.

[92] Ebd.

Magdeburg. Da wurde er gar nicht ausgeladen, weil der so bösartig war. Die kamen, die Franks, hatten die Elefantenkuh mit – abgesehen davon haben sie uns über's Ohr gehauen, aber davon erzähl' ich später. Als der seine Familie sah und roch, war Sahib sofort brav wie ein Lamm; der fing an zu quietschen wie ein Hund."[93]

Die Franks hatten ihr größtes Kapital wieder. Die Mitarbeiter vom Circus Barlay hatten „so ein kleines Elefantendings"[94], das mehr oder weniger auf den Namen Punschi hörte. Vom Radweltmeister Lothar Meister wurde die Elefantendame 1958 auf den Namen „Lotte" getauft. Im Zirkus hieß sie nur „Puppchen" und zeigte sich zur Manegenarbeit wenig geneigt.

Das Tier hatten die Franks für wenig Geld von der Hagenbeckschen Tierhandlung erhalten. „Der muß beim Fangen in eine Grube gefallen sein. Der konnte gar nicht richtig laufen, und wir haben es zu spät gemerkt."[95] Schon nach kurzer Zeit wurde „Puppchen" an den Rostocker Zoo abgegeben. Auch mit Radja hatte man nicht mehr Glück. Der Bulle wurde bösartig und kam schon 1961 in den Tierpark Berlin-Lichtenberg, wo er schließlich erschossen werden mußte.[96]

Sahib dagegen machte mit Karli, genannt Tarzan, in der westlichen Welt Karriere. Neben Engagements bei Krone gastierten sie in Japan und Korea, in Afrika und ganz Europa und trugen mit ihren Gagen wesentlich zum Wiederaufbau des Unternehmens im Westen bei. Erst eine Dekade später, am 17.3.1968, wurde August um 20.45 Uhr in der Klinik für Klauentiere der Tierärztlichen Hochschule in Hannover eingeschläfert, nachdem die schmerzhafte Vereiterung eines Beines sich trotz rührender Pflege nicht kurieren ließ.[97]

„Mit ganz simplen alten Komödianten-Tricks haben die Franks gekriegt, was sie wollten",[98] resümiert Klaus Hallmann. Das ärgerte die sozialistischen Zirkus-Funktionäre, die so stolz waren auf ihre wissenschaftlichen Methoden, natürlich besonders.

3. Ein Probst im Sozialismus: Zirkus Probst

Ein Elefant war es auch, der dem Zirkus von Rudolf Probst das Genick brach. Dennoch wird die Darstellung im folgenden nicht zu einer Dickhäu-

---

[93] Ebd.

[94] Ebd.

[95] Ebd.

[96] Vgl. Zapff, Gerhard, Jumbo auf dem Drahtseil. Elefantendressuren von gestern und heute, Berlin (Ost) 1987, S. 174.

[97] Frankello-Star Sahib gestorben, Hannoversche Allgemeine Zeitung, März 1968, Kopie im Archiv Erstes Deutsches Circusmuseum, Preetz.

[98] Klaus Hallmann, Waldkraiburg, im Interview am 22./23.2.1999.

terparade ausarten. Der eigentliche Auslöser dieser Episode war vielmehr der reitende Löwe von Probst, der als Wüstenkönig von Brandenburg in majestätischer Haltung den volkseigenen Dressurkatzen den Rang ablief.

Wie kein anderer verkörpert Rudolf Probst das ambivalente Verhältnis vieler Zirkusbetreiber zur DDR. Er rieb sich an dem politischen System und scheute nicht zurück vor Kritik, er wußte aber auch, die systemimmanenten Strukturen und Freiräume zu seinem persönlichen Nutzen zu optimieren. Er wurde von den Sozialisten gebraucht und gefördert, und er stand gleichzeitig immer wieder auf ihrer Abschußliste. Wie ein Stehaufmännchen rappelte Probst sich nach jedem Rückschlag wieder auf. Seiner Energie, nicht dem Entgegenkommen von Staat und SED, ist es zu verdanken, daß Probst die Zirkusgeschichte der DDR über 40 Jahre mit geprägt hat. Dieser Beispielfall läßt sich wegen seiner besonderen Konstellation mit anderen nicht verbinden, weshalb ihm ein eigener Abschnitt gewidmet ist.

Probst wurde am 29.12.1922 als zweiter von drei Brüdern geboren. Als er sechs Jahre alt war, verstarb die Mutter. Der Vater Max heiratete 1929 erneut. Aus dieser Ehe gingen vier weitere Kinder hervor. Eine Schule besuchte Rudolf praktisch nicht, sondern reiste während seiner Kindheit und Jugend als Clown und Reiter mit dem Familienzirkus Proscho seines Vaters durch Deutschland. Mit 18 Jahren wurde er 1940 zum Arbeitsdienst in Frankreich eingesetzt, 1941 zur Wehrmacht eingezogen. Nach einer Verwundung an der Ostfront 1944, wurde er im März 1945 aus dem Lazarett entlassen und kehrte zu seiner Einheit nicht mehr zurück.

Weil das kleine Reisegeschäft des Vaters nicht alle Kinder ernähren konnte, machte sich Probst 1945 mit Ehefrau Vera, einem elfjährigen angenommenen Mädchen, einem Wohnwagen und zwei Pferden als Schausteller selbständig (siehe auch Kap. III.1). Weitere Pferde, Ziegen und Hunde ergänzten bald den Tierbestand. 1949 konnte Probst sein erstes Zelt mit 700 Sitzplätzen erwerben, im Jahr darauf 3 Junglöwen aus dem Leipziger Zoo sowie drei Bären und ein Kamel aus dem Zoo in Halle. Der wirtschaftlichen Entwicklung des Circus Probst jun. stand nichts im Weg. In der jungen DDR, die ökonomisch nur langsam auf die Beine kam, war seine Expansion zu stürmisch. 1953 besaß Probst bereits ein Zelt für etwa 1200 Zuschauer, 40 Pferde, 20 Wagen und die genannten Exoten. Am 19.4.1953 wurde er in Hettstedt festgenommen.

Der Haftgrund: Es seien „hohe Steuerschulden"[99] festgestellt worden, obgleich weder bei seinem Buchhalter, noch bei ihm selbst in dieser Zeit eine Steuerprüfung stattgefunden habe.[100] Das Unternehmen wurde gepfändet

---

[99] Winkler, Dietmar, Manuskript 1971, S. 56.
[100] Probst, Rudolf, Staßfurt, im Interview am 25.1.1999.

und Paul Wirth vom soeben enteigneten Circus Aeros in Treuhandschaft übergeben.

Nach den Ereignissen vom 17.6.1953 wollten Vater und Bruder Rudolf Probst aus dem Gefängnis in Aschersleben abholen. „Wie sich herausstellte waren aber meine Papiere in Mannsfeld. Ich hatte keinen Gerichtstermin und keine Verurteilung. Aber meine Papiere, die lagen schon in Mannsfeld im Bergbau, wo ich arbeiten sollte."[101]

Besonders hoch können die Steuerschulden nicht gewesen sein, sie waren schlicht ein Vorwand zum Eingreifen, denn nach dreimonatiger Untersuchungshaft wurde Probst ohne Erhebung einer Anklage entlassen. Das Verfahren wurde stillschweigend wegen Geringfügigkeit eingestellt.[102]

Vorspiel und Anlaß dieser Enteignung war ein anderes Ereignis. Wie Probst berichtet, hatten Anfang 1953 Vertreter der Gewerkschaft Kunst und der Staatlichen Kunstkommission alle Mitarbeiter des Zirkus zu einer Versammlung in das Zelt von Probst einberufen. Ihn selbst als Besitzer und Eigentümer habe man vorher weder um Erlaubnis gebeten noch informiert. Die Gewerkschaften versuchten zu dieser Zeit, endlich in den aufstrebenden Privatbetrieben Fuß zu fassen, mit dem Hintergedanken, unter den Angestellten eine verläßliche Basis für spätere Verstaatlichungen zu schaffen. In diesem Fall glückte das dreiste Vorgehen nicht. Da er mit Worten gegen die Funktionäre keine Chance hatte, sabotierte Probst die Versammlung. „Ich habe meine Pferde in die Manege 'reingenommen und probiert mit der Bullenpeitsche. Jetzt wurde einer frech von den feinen Herren, und da habe ich sie aus der Loge 'rausgeprügelt, die ganze Truppe. Wenn sich Leute in meinen Zirkus setzen und über meine Leute bestimmen wollen, während ich probiere, und wenn die nach Aufforderung nicht verschwinden, dann kriegen die die Jacke voll. So einfach ist das."[103]

Weil die Gewerkschaftsfunktionäre das Hausrecht des Besitzers grob mißachtet hatten, konnte man den Vorfall nicht zum Ansatzpunkt einer Enteignung machen, sprach daher, der üblichen Methode folgend, von Steuerschulden. Diese Behauptung war allerdings nicht haltbar.

Man verweigerte Probst anschließend jedoch die Spielgenehmigung, kurzzeitig reiste er deshalb im Zirkus seines Vaters mit. „Als ich bei Aeros mein Zeug holen wollte, hat die Hälfte gefehlt. Selbst Pferde waren da unter der Erde weggekrochen, waren weg, und keiner wußte wohin."[104]

---

[101] Ebd.

[102] Vgl. Verhör Rudolf Probst am 22.1.1973, BStU, Zentralarchiv, E-SKS 46702, 2. Strafakte, Bl. 4. Laut Strafregisterauszug vom 21.11.1972 war er nicht vorbestraft, vgl. BStU, Zentralarchiv, E-SKS 46702, 5. Strafakte, Bl. 1.

[103] Probst, Rudolf, Staßfurt, im Interview am 25.1.1999.

[104] Ebd.

Nachdem Probst gedroht habe, den VE Circus Aeros auf Schadenersatz zu verklagen, sei ihm die Erteilung einer Lizenz im Gegenzug zu seinem Stillschweigen in dieser Sache versprochen worden, ein Arrangement, das er aus Pragmatismus einging.

Nach dieser ersten Konfrontation setzte Probst vom Frühjahr 1954 an unbeirrt seinen Wachstumskurs fort. Solange ihn das politische System in seiner Arbeit nicht behinderte, war er ein loyaler DDR-Bürger. „Kämpft in der Nationalen Front des demokratischen Deutschlands für den Frieden und die Einheit Deutschlands!", hieß es in seinem Programmheft 1950[105] und 1956 bekannte der Programmzettel „Nur im Frieden kann jeder sein Können voll entfalten."[106] Weil er nur auf wenige Familienmitglieder zurückgreifen konnte, mußte Probst schon früh vor allem Artisten engagieren und konnte damit Programme von hoher Attraktivität gestalten. Mit seiner anerkannten materiellen und künstlerischen Qualität bestand er das zentrale Lizensierungsverfahren und etablierte sich fest als angesehener Mittelzirkus. Nach dem ersten politisch bedingten Schicksalsschlag folgten in den nächsten Jahren persönliche: Alle vier Kinder aus erster Ehe starben. 1959 ließ Probst sich scheiden und heiratete 1963 die Artistin Monika Klement, mit der er drei gemeinsame Kinder hat.

Auch wenn die 60er Jahre aus rückwärtiger Perspektive als eine ruhigere Phase der erzwungenen Kooperation zwischen Staat und Privatzirkussen erscheinen, gärte es hinter den Kulissen erheblich. Wie die aufgefundenen Quellen vermuten lassen, gab es divergierende Interessengruppen auch innerhalb der Staatsregierung und der SED, die für die Abschaffung bzw. Beibehaltung der verbliebenen Privatzirkusse agierten. Dieser Richtungsstreit wird u. a. Thema des folgenden Abschnitts sein.

Hinzu kam neben der Unsicherheit für die Betroffenen bezüglich der weiteren Entwicklung der wirtschaftliche Druck auf die Unternehmen in ihrem eingeschränkten Aktivitätsraum. Rudolf Probst suchte nach einem Ausweg aus der Reglementierung und fand ihn in Gastspielen im sozialistischen Ausland, deren Gewinn in der DDR steuerfrei war. Das Kulturministerium konstatierte überdies 1973, die Besucherzahlen bei Probsts Auslandstourneen dürften allgemein höher gewesen sein, weil in der DDR den Lizenz-Zirkussen bestimmte Wirkungsbereiche zugewiesen seien.[107] In diesem Zusammenhang nahm man Bezug auf die administrative Einschränkung der Gastspieltätigkeit in der DDR auf kleine Landgemeinden.[108] Damit wird

---

[105] Zirkus Probst jun., Programm 1950, Druckerlaubnisnr. V/19/0-LM98 3 – [Rest unleserlich M.W.].

[106] Circus Probst, Programm 1956, Druckerlaubnisnr. N/2/4 8c 994 56.

[107] Stellungnahme des Ministeriums für Kultur, Rechtsstelle, vom 1.6.1973, BStU Zentralarchiv, E-SKS 46702, 4. Strafakte, Bl. 89.

Abb. 12: Auch die Kleinen boten Großes: Feuriger Sechser-Zug 1966 im Circus Proscho von Max Heinrich Probst.

nebenbei deutlich, daß man das den wirtschaftlichen Erfolg hemmende Potential dieser Regelung kannte, es wahrscheinlich sogar bewußt gegen die privaten Zirkusse einsetzte.

Mit seinen Auslandsgastspielen entzog sich Probst diesem Korsett; als einziger Privatzirkus bekam er die nötige Genehmigung. Das brachte ihm einen innerhalb der DDR undenkbaren Freiraum, denn selbst in den Staaten des Warschauer Paktes war nur eine begrenzte Kontrolle seitens der DDR-Organe möglich. Durch seine Gastspieltätigkeit von 1965 bis 1972 im sozialistischen Ausland entzog sich Probst aber nicht nur relativ erfolgreich der rigiden Aufsicht von VEB Zentralzirkus und Kulturministerium, sondern ging damit bewußt den Betriebsteilen des Zentralzirkus aus dem Weg. Es dürfte kein Wunder sein, daß er bis Anfang 1973 unbehelligt blieb. Da er in der DDR während dieser Zeit nicht auftrat, war er keine sichtbare Konkurrenz für den volkseigenen Zirkus.

Im Sommer 1966 gastierte er in Ungarn, im Winter in Rumänien, im Sommer 1967 in der CSSR, im Sommer 1968 in Polen, im Sommer 1969 in der CSSR sowie zuletzt von Sommer 1971 bis Sommer 1972 in Ungarn.

---

[108] Anweisung über die verbesserte kulturelle Betreuung der ländlichen Gebiete und Kleinstädte der Deutschen Demokratischen Republik durch Zirkusgastspiele vom 25.10.1963, in: Weise, 1966, S. 63 f.

Abb. 13: Als Privater in der Planwirtschaft – ein Balanceakt nicht nur für die Zirkuslöwen im Circus Proscho 1966.

Das Kulturministerium schrieb, Probst habe schon 1965 zu den leistungsstärksten Privatzirkussen gehört und sich danach materiell und künstlerisch positiv fortentwickelt. Entsprechend seinen Möglichkeiten habe Zirkus Probst die „kulturpolitischen Erwartungen" erfüllt und „auslandspropagandistische Ergebnisse" erzielt. Die Gastspiele seien daher vertretbar gewesen.[109]

Aus diesen Erfolgen heraus erklärt sich aber keineswegs, warum Probst über einen Zeitraum von sieben Jahren die Genehmigung zu Auslandsgastspielen bekam. Alle Gastspiele mußten vertraglich über die Künstleragentur der DDR abgewickelt werden. Deren stellvertretender Leiter Weber bekannte, Probst sei ein sehr gefragter Partner im sozialistischen Ausland gewesen. Die Künstleragentur sei von ihren Vertragspartnern „regelrecht erpreßt" worden. So sei „generell gefordert" worden: „Entweder gibt Zirkus Probst ein Gastspiel oder keiner." Der VEB Zentralzirkus sei „nicht gefragt" gewesen.[110] Der Abteilungsleiter im Kulturministerium, Starke, habe

---

[109] Stellungnahme des Ministeriums für Kultur, Rechtsstelle, vom 1.6.1973, BStU Zentralarchiv, E-SKS 46702, 4. Strafakte, Bl. 88 f.

[110] Das traf vor allem auf Ungarn zu. Auslandsgastspiele des Zentralzirkus: 1967 Busch CSSR, 1968 Aeros Ungarn, Berolina CSSR, 1969 Berolina CSSR, Busch Polen, 1971 Aeros Polen, Berolina Rumänien, 1972 Aeros CSSR.

Abb. 14: In der Zeltgröße durch Auflagen beschränkt, doch im Programm erstklassig, Circus Probst in Erfurt 1965.

gegen die Reisegenehmigung für einen Privatzirkus opponiert. Da man jedoch habe verhindern wollen, daß westdeutsche Zirkusse im Ostblock Fuß faßten, habe man Zirkus Probst reisen lassen. Außerdem „ging es auch darum, ein gutes Valutageschäft nicht zu verlieren."[111]

Für die Künstleragentur selbst und für ihre Mitarbeiter waren die Gastspiele ebenfalls ein lukratives Geschäft. So wurden von den Honoraren der verpflichteten Künstler für die Agentur nicht nur zehn Prozent Vermittlungsgebühr abgezogen, sondern auch alle Auslagen der Mitarbeiter wie Hotelkosten und Reisespesen, wobei diese nicht einmal durch Einzelnachweis belegt werden mußten.[112] Wie die Korrespondenz zeigt, pflegte Probst überdies einen beinahe freundschaftlichen Umgang mit der Agentur und zeigte sich den Mitarbeitern gegenüber erkenntlich.[113]

---

[111] Aktenvermerk der Bezirksverwaltung Magdeburg, Abt. Zollfahndung, über Gespräch mit stellvertr. Generaldirektor der Künstleragentur vom 2.2.1973, BStU Zentralarchiv, E-SKS 46702, 1. Handakte, Bl. 88.

[112] Aktenvermerk der Bezirksverwaltung Magdeburg, Abt. Zollfahndung, über Gespräch mit Valutasachbearbeiter im Ministerium für Kultur vom 7.2.1973, BStU Zentralarchiv, E-SKS 46702, 1. Handakte, Bl. 91.

[113] Einem Mitarbeiter besorgte er über den Genex-Geschenkedienst 1970 etwa einen Wartburg. Vgl. Zeugenvernehmung Ronald T. vom 22.3.1973, BStU Zentralarchiv, E-SKS 46702, 2. Strafakte, Bl. 71.

Abb. 15: Eine Wagenburg für die freie Artistik – Circus Probst in Erfurt 1965.

Mit der Zeit wurde Probst für den VEB Zentralzirkus, der immer noch hohe Subventionen benötigte, durch seine finanziell und ideell erfolgreichen Auslandsgastspiele psychologisch wie materiell zu einer lästigen Konkurrenz. „1963 kamen die ersten Agenten aus dem kapitalistischen und sozialistischen Ausland und sahen sich alle Zirkusse an. Jedes Land wollte Zirkus Probst. Ich konnte ja gar nichts dafür. Ich hatte eben das, was die anderen nicht hatten, was interessant war. Die Russen kamen und haben gesagt, ‚wir wollen den Betriebsteil Probst.‘ Die wußten doch nicht, daß ich privat war. Das war natürlich jedesmal für die da oben, als wenn sie eins in die Fresse kriegen."[114]

Unbemerkt hatte sich Probst zu einem störenden Element der behüteten sozialistischen Zirkusordnung entwickelt. Neben dem kompletten Zirkus schickte er bis zu fünf Raubtierdressuren gleichzeitig in verschiedene Engagements. Höhepunkt war 1969 eine Vermittlung von „Dagmar" und dem reitenden Löwen zum Circus Rebbernik in Österreich. Dieses Engagement sollte das Ende des Zirkus einläuten, seine Überlegenheit wurde für die Kulturfunktionäre offenbar unerträglich, in wirtschaftlicher Hinsicht ebenso wie auch im Bereich der Darbietungen.

Für den DEFA-Film „Der Wüstenkönig von Brandenburg" versuchten Dompteure, diese Nummer nachzuahmen, bei der ein Löwe mit einem Satz

---

[114] Probst, Rudolf, Staßfurt, im Interview am 25.1.1999.

auf einem trabenden Pferd landet und nach einigen Runden wieder ab-
springt. „Bei den Dreharbeiten hat deren Löwe aus Versehen das Pferd gefressen. Sie wollten es wiederholen, und da ist der Löwe verrückt geworden, aus der ungesicherten Straße entflohen und aus der Stadt gelaufen. Auf
einem Feld war ein Bauer mit zwei Pferden beim Pflügen. Da hat der
Löwe die Pferde zerfetzt, bevor sie ihn erschießen konnten."[115] Erst als
Probst mit seiner Dressur zu den steuerlich günstigen Konditionen freier
Schausteller verpflichtet wurde, konnten die Dreharbeiten erfolgreich abgeschlossen werden.

Das Engagement seiner Nummer in Österreich hatte Probst zu Devisen
verholfen. Mit dem Überschuß wollte er sich seinen größten Traum erfüllen
und einen Elefanten kaufen. Aus dem Verkauf der Löwennummer sollte ein
zweiter angeschafft werden. Da der VEB Zentralzirkus keinen Elefanten im
Tauschverfahren abgeben konnte[116], wollte Probst einen bei der Schweizer
Tierhandlung Künzler in Romanshorn kaufen. Der bereits genehmigte
Erwerb mußte jedoch 1969 und 1970 verschoben werden[117], da die angebo-
tenen Tiere ungeeignet waren.[118]

Im Spätsommer 1972 stand Probst unter Zugzwang: Wie er spätestens im
August erfuhr, wurde ab Anfang 1973 die Vermittlung von Auslandsgastspielen von ganzen Zirkussen oder einzelnen Darbietungen dem VEB Zentralzirkus übertragen.[119] Der aber konnte kein Interesse an Tourneen von
Probst haben. Mit dieser Maßnahme sollte vielmehr explizit die jahrelange
intensive Zusammenarbeit von Probst und der Künstleragentur beendet
werden. Letztere hatte seine Aktionen nicht nur wissentlich toleriert, sondern aktiv unterstützt.[120]

Probst sah damit seine Existenzgrundlage gefährdet, da er mit Tourneen
durch die DDR bei den herrschenden Bedingungen ein Unternehmen seiner
Größe kaum rentabel betreiben konnte. In einem Brief an Artisten, die für
ihn im Engagement in Polen waren, schrieb er Ende August, in den kommenden Wochen werde sich entscheiden, ob der Zirkus auf eigener Basis
eine Zukunft habe.[121] Seine Befürchtungen sollten sich bewahrheiten: Bei

---

[115] Ebd.

[116] Aktennotiz von Generaldirektor Otto Netzker über Gespräch mit Rudolf
Probst am 1.10.1972, BStU Zentralarchiv, E-SKS 46702, 2. Strafakte, Bl. 87.

[117] In einem Brief an Friedel Zscharschuch vom 10.9.1969 schrieb Probst, die
Einfuhrgenehmigung sei bereits besorgt, Archiv Erstes Deutsches Circus-Museum,
Preetz.

[118] Die Devisen wurden deshalb auf einem Konto in Wien deponiert.

[119] Vgl. Schreiben der Künstleragentur vom 17.8.1972, im Archiv Probst, Staßfurt.

[120] Vgl. Urteil des Bezirksgerichts Magdeburg vom 18.2.1974, BStU Zentralarchiv, E-SKS 46702, 5. Strafakte, Bl. 184 f.

einer Aussprache am 1.10.1972 teilte ihm Otto Netzker abschließend mit, daß er 1973 kein Auslandsgastspiel geben dürfe.[122] Für Probst bestand jetzt womöglich die letzte Gelegenheit zum Kauf der Elefanten, die er auch als finanzielle Rückversicherung erwerben wollte. In dem Gespräch mit Netzker sagte er nach dessen Protokoll freimütig, er plane, mit den Elefanten und einigen Pferden zwei bis drei Darbietungen aufzubauen, um für sich und seine Familie eine Existenzgrundlage zu haben, falls er den Zirkusbetrieb einstellen sollte[123]. Gemeint war wohl, falls er zur Aufgabe gezwungen wäre. Die Zerschlagung des Zirkus Probst hat man sowohl im Kulturministerium, als auch im VEB Zentralzirkus wissentlich in Kauf genommen. So ließ man Probst zunächst gewähren und schlug zu, als er in die Falle getappt war.

Anfang September lieferte ihm die Tierhandlung Künzler die bestellte Indische Elefantenkuh an seinen Gastspielort nach Ungarn. Wie Unterlagen belegen, machte Probst aus diesem Geschäft kein Geheimnis, da er glaubte, die erneute Einfuhrgenehmigung sei nur eine Formsache. In seinem Gespräch mit Probst in Kisujszallas in Ungarn hatte Netzker angekündigt, die Einfuhr des Elefanten zu befürworten. Gegenüber dem Ministerium für Kultur äußerte er jedoch den Verdacht, Probst habe die Gesetze zum Besitz von Auslandsguthaben verletzt.[124] Bei einem persönlichen Besuch im Ministerium für Kultur am 10.10.1972 erhielt Probst von der Abteilungsleiterin Sakowski ebenfalls eine Befürwortung der Einfuhr, da er das Tier zur Erhöhung der Programmqualität benötige.[125] Noch am gleichen Tag stellte er beim Ministerium für Außenwirtschaft ordnungsgemäß einen schriftlichen Einfuhrantrag.[126] Der wurde bis zum Ende des Gastspiels jedoch nicht bewilligt, woraufhin Probst die Künstleragentur um Vermittlung bat. Von dieser erhielt er nach seinen Angaben ein Telegramm, besagend, daß nach der Rücksprache mit dem Ministerium für Außenwirtschaft der Einfuhr nichts im Wege stehe und alles weitere im Nachgang in der DDR erledigt werden könne.[127] Obwohl sich das Telegramm nicht mehr in den Akten findet, kann man von seiner Existenz ausgehen.

---

[121] Brief von Rudolf Probst an Helmut und Jenny Runge vom 27.8.1972, im Archiv Probst, Staßfurt, das nach der Wende nach Aussage von Probst bereits zweimal gezielt von Unbekannten geplündert wurde.

[122] Aktennotiz von Generaldirektor Otto Netzker über Gespräch mit Rudolf Probst am 1.10.1972, BStU Zentralarchiv, E-SKS 46702, 2. Strafakte, Bl. 86.

[123] Ebd.

[124] Ebd., S. 87.

[125] Aktenvermerk der Bezirksverwaltung Magdeburg, Abt. Zollfahndung, über Gespräch mit der Abteilungsleiterin Unterhaltungskunst im Ministerium für Kultur vom 8.11.1972, BStU Zentralarchiv, E-SKS 46702, 1. Handakte, Bl. 84.

[126] Einfuhrantrag vom 10.10.1972, BStU Zentralarchiv, E-SKS 46702, 1. Strafakte, Bl. 6.

Abb. 16: Probst – Markenname und Exportschlager im Ostblock.
Hänger von 1965 und 1972.

Probst handelte im guten Glauben, rechtmäßig zu verfahren, als er am
3.11.1972 mit dem Elefanten in die DDR einreiste. Hätte er eine Straftat
begehen wollen, hätte er dies kaum so öffentlich getan, zumal sich ein Elefant nicht am DDR-Zoll vorbei schmuggeln ließ.

---

[127] Vgl. Verhör Rudolf Probst am 8.1.1973, BStU, Zentralarchiv, E-SKS 46702,
2. Strafakte, Bl. 7.

Das sah auch das Kreisgericht Staßfurt so, das am 9.1.1973 keinen vorsätzlichen Verstoß gegen das Zollgesetz und ebenso keinen wirtschaftlichen Schaden erkennen konnte; es lehnte einen Haftbefehl ab. Dieser wurde jedoch am Tag darauf durch das Bezirksgericht Magdeburg erlassen.[128] Ermittlungen gegen Probst wurden seit Anfang November 1972 geführt, dennoch wurde der Haftbefehl erst nach der Beschlagnahme des Elefanten und der Verhaftung des Verdächtigen am 8.1.1973 beantragt.

Auf die Einzelheiten des Verfahrens kann aus Platzgründen nicht eingegangen werden. Der Elefant war eines von verschiedenen Tieren und Ausrüstungsgegenständen, die Probst im Ausland aus dem Gewinn seiner Gastspiele anschaffte. Alle Anschaffungen, die über den Ersatz verendeter Tiere derselben Art oder akut unbrauchbar gewordenen Materials hinausgingen und eventuell eine Wertsteigerung des Unternehmens darstellten, waren nach Ansicht der DDR-Juristen gesetzeswidrig.[129] Der Unternehmensgewinn mußte nach Abzug der für den Spielbetrieb unbedingt zu tätigenden Ausgaben komplett in die DDR transferiert werden. Bei Einfuhren von Tieren und Material waren Zollabgaben von 100 Prozent des Wertes fällig.[130] Aus dieser starren Handhabe spricht die Absicht, das Unternehmen in jeder Hinsicht an einer weiteren, auch künstlerischen Entwicklung zu hindern.

Mit Urteil vom 1.10.1973 wurde Probst zu 3,5 Jahren Freiheitsstrafe und einer Geldstrafe von rund 75.000 DM verurteilt.[131] Im Berufungsverfahren wurde die Freiheitsstrafe auf drei Jahre verkürzt.[132] Dagegen wurden nachträglich für die Jahre 1971 und 1972 Steuerrückstände von zunächst 600.000 DM, später 400.000 DM berechnet und eingezogen, obwohl der Gewinn aus den Auslandsgastspielen steuerfrei war. „Das alles zu verstehen, kommt selbst der Rechtsanwalt nicht mit!"[133]

Vieles spricht dafür, daß das Verfahren politisch motiviert war, zumindest die Höhe der Strafe und die der festgesetzten Steuerrückstände von politischen Überlegungen beeinflußt waren. Am 30.1.1972, also vor dem

---

128 Alle übrigen, Probst zur Last gelegten Zollvergehen hielt das Kreisgericht für verjährt. Vgl. Beschluß des Bezirksgerichts Magdeburg vom 10.1.1973 zur Aufhebung des Beschlusses des Kreisgerichts Staßfurt vom 9.1.1973 und zum Erlaß eines Haftbefehls, BStU Zentralarchiv, E-SKS 46702, 1. Strafakte, Bl. 20.

129 Vgl. Urteil des II. Strafsenats des Bezirksgerichts Magdeburg vom 1.10.1973, BStU Zentralarchiv, E-SKS 46702, 5. Strafakte, Bl. 163 ff.

130 Ebd., Bl. 174.

131 Ebd., Bl. 157 ff.

132 Vgl. Protokoll der Hauptverhandlung vor dem 2. Strafsenat des Obersten Gerichtes der DDR am 28.2.1974, BStU Zentralarchiv, E-SKS 46702, 5. Strafakte, Bl. 103 ff.

133 Probst, Monika, Brief vom 11.1.1974, vgl. auch Brief vom 28.4.1974, Archiv Erstes Deutsches Circus-Museum, Preetz.

Abb. 17: Der reitende Löwe, Dressursensation und Filmheld
im Circus Probst.

Ende des Zirkus Probst, schrieb der Dresdener Peter Steinmüller, der die Zirkus-Szene gut kannte, nach Westdeutschland, das ZK der SED habe gefordert, den VEB Zentralzirkus subventionsfrei zu betreiben. Daraufhin habe dessen Generaldirektor Otto Netzker die Liquidierung der privaten Zirkusse betrieben, um den privatwirtschaftlichen Vergleichsmaßstab zu beseitigen und damit die Forderung zurückzuweisen.[134] In einem weiteren Brief heißt es wörtlich: „Netzker und seine Clique innerhalb der Partei waren sich bereits Mitte der 60er Jahre einig, daß die Lizenzer als Maßstäbe verschwinden müssen, die alten Direktoren sterben eines natürlichen Todes, der Blaue (Rudolf Probst M. W.) könnte jederzeit in' Knast."[135]

Nach der Einfuhr des Elefanten sah Netzker eine Gelegenheit zum Schlag gegen den Zirkus. Ein Informeler Stasi-Mitarbeiter (IM), der sich um das westliche Medienecho sorgte, schrieb, Netzker habe gegenüber Vertretern der Künstleragenturen der VR Ungarn und Polen geäußert: „Den Probst schießen wir ab."[136] Am 17.11.1972 führte der Sachbearbeiter der Zollfahndung bei seinen Vorermittlungen ein langes Gespräch mit Netzker, bei dem dieser ausführlich das Konkurrenzverhältnis zum VEB Zentralzirkus darlegte. Außerdem wurde schon vor der Einleitung eines offiziellen Ermittlungsverfahrens erörtert, ob der Zentralzirkus bei einer Auflösung des Zirkus Probst dessen Tiere und Material übernehmen werde.[137]

Die Verfahrensakten machen schließlich den Eindruck, als habe die spätere Entscheidung schon mit der Verhängung des Haftbefehls durch das Bezirksgericht Magdeburg am 10.1.1973 festgestanden. Das Berufungsverfahren zum Beispiel war eine blanke Farce, es dauerte kaum sechs Stunden.[138] Man machte sich nicht die Mühe, den höchst komplexen und juristisch äußerst schwer zu beurteilenden Sachverhalt erneut aufzurollen, es ging allein um die Höhe der Strafe.

In dem Rehabilitierungsverfahren befand das Oberlandesgericht Magdeburg nach der Wiedervereinigung, die Durchführung des Strafverfahrens und die Strafzumessung müßten auch als politisch motivierte Maßnahme mit dem Ziel angesehen werden, Probsts wirtschaftliche Selbständigkeit zu zerschlagen und

---

[134] Steinmüller, Peter, Dresden, Brief an den Journalisten und Museums-Begründer Friedel Zscharschuch vom 30.1.1972, Archiv Erstes Deutsches Circus-Museum, Preetz.

[135] Steinmüller, Peter, Dresden, Brief an Friedel Zscharschuch, Fragment nach dem 30.1.1972, Archiv Erstes Deutsches Circus-Museum, Preetz.

[136] IM-Bericht vom 13.1.1973, Kreisdienststelle Halle-Saalkreis, BStU Außenstelle Magdeburg, ZMA 1389, Bl. 51.

[137] Vgl. Beschluß des OLG Magdeburg vom 24.8.1994, 1Ws Reh. 192/93, S. 5.

[138] Verhandlungsbeginn: 10 Uhr, Beschlußverkündung 15.50 Uhr, vgl. Protokoll der Hauptverhandlung vor dem 2. Strafsenat des Obersten Gerichtes der DDR am 28.2.1974, BStU Zentralarchiv, E-SKS 46702, 5. Strafakte, Bl. 103.

ihn damit als Konkurrenten des volkseigenen Zentralzirkus der DDR auszu-
schalten.[139] Bei diesem Verfahren ging es nicht um eine erneute Beweisauf-
nahme, sondern lediglich um die aus dem Tatbestand gefolgerte Strafe. Selbst
wenn Probst alle ihm zur Last gelegten Straftaten begangen hätte, war das
Strafmaß unter rechtsstaatlichen Gesichtspunkten zu hoch.[140] Es ist hingegen
nicht unwahrscheinlich, daß ein Wiederaufnahmeverfahren, das nicht ange-
strengt wurde, mit einem weitgehenden Freispruch geendet hätte.

Zwar wurde Probst nach 28 Monaten am 28.4.1975 wegen guter Führung
vorzeitig aus der Haft entlassen. Das Ziel, seinen Zirkus zu beseitigen, war
jedoch erreicht. Der Zirkus war aufgelöst, einen Großteil der Tiere mußte
Monika Probst an den Zentralzirkus und die Zoos in Halle und Magdeburg
übergeben oder erschießen lassen. Vorher hatten die Behörden ihr und ihren
minderjährigen Kindern monatelang die Versorgung der beschlagnahmten
Tiere abverlangt. „Ehrlich gesagt fürchte ich mich ja vor den Raubtieren
selber. Aber versorgt werden müssen sie ja."[141] Bei einem Gespräch am
27.5.1975 wurde Probst von der Kreisverwaltung Staßfurt mitgeteilt, daß er
wegen seines gesellschaftswidrigen Verhaltens weder einen Berufsausweis
noch die Genehmigung für ein Gewerbe erhalten werde.[142] Damit war ein
Neubeginn ausgeschlossen. Probst arbeitete deshalb mit seiner Familie jah-
relang in Engagements, vor allem in Polen.

Anfang der 80er Jahre war das Verlangen der Städte und Gemeinden
nach Kleinzirkussen so groß geworden, daß Probst als erwiesener Zirkus-
Fachmann erneut gebraucht wurde. Der Rat des Bezirks Magdeburg bestä-
tigte 1982 in einem Schreiben, Probst werde eine „Lizenz als Reisezirkus
im Auftrag des VEB Staatszirkus" erhalten.[143] Die gewünschte Rollenver-
teilung wurde damit vorsorglich schon vorab festgelegt.

4. Klein, aber nicht klein zu kriegen:
Circusse Milano und Hein

Mit unerfüllbar hohen Steuerschulden wurden die Zirkusse Milano und
Hein in ihrer Geschichte nicht konfrontiert. Auch aus anderen Gründen
stand ihre Existenz nicht wirklich zur Disposition. Milano stellte am Ende

---

[139] Vgl. Beschluß des OLG Magdeburg vom 24.8.1994, 1Ws Reh. 192/93.

[140] Das Gericht hielt statt 3 Jahren 1,5 Jahre Freiheitsstrafe für rechtsstaatlich angemessen.

[141] Probst, Monika, Schreiben vom 7.10.1973, im Archiv Erstes Deutsches
Circus-Museum, Preetz.

[142] Vgl. Schreiben der Bezirksverwaltung für Staatssicherheit Magdeburg, Abteilung XX, BStU Außenstelle Magdeburg, ZMA 1389, Bl. 53.

[143] Schreiben vom Rat des Bezirks Magdeburg vom 26.3.1982, im Archiv Probst,
Staßfurt.

der Saison 1971 scheinbar freiwillig seine Tätigkeit ein, Hein besteht noch heute. Sind diese beiden Unternehmen damit nicht der Gegenbeweis zu der These, daß private Zirkusse in der DDR aus systemimmanenten Gründen nicht überlebensfähig waren, weil sie von Staats wegen zur Aufgabe gezwungen bzw. gedrängt wurden? Hätten nicht auch andere Unternehmen bei der geforderten Systemanpassung ihren Platz in der sozialistischen Kulturpolitik finden können, zumal sie aus theoretischer Warte zumindest offiziell zur Kulturversorgung der Landbevölkerung erwünscht waren?

Die quantitative Argumentation wird dadurch erschwert, daß es in diesem Randbereich der DDR-Wirtschaft von Anfang an nur eine relativ geringe Zahl von Unternehmen gegeben hat. Spielten zum Beispiel in den 70er Jahren die wenigen verbliebenen privaten Landwirte im Vergleich zu den LPG-Mitgliedern statistisch keine Rolle mehr, so machten die wenigen Zirkusse, die bis Anfang der 70er Jahre durchhielten, bei einer Gesamtzahl von wenigen Dutzend seit 1945 je existenten Unternehmen zwar nur einen geringen, aber zu beachtenden Prozentsatz aus.

Wie das Beispiel von Rudolf Probst gezeigt hat, konnten einzelne Zirkusbesitzer mit einer Mischung aus politischem Opportunismus und hartnäckigem Durchhaltevermögen den umfassenden Reglementierungen und Repressalien länger standhalten als andere. Aber auch politische bzw. persönliche Rücksichtnahmen konnten eine Rolle spielen, wie der folgende Abschnitt zeigen wird. Wenn Einzelfälle sich damit einer klaren statistischen Bewertung in den Weg stellen, so können diese nicht als Indiz für die fehlende Schärfe der vorgelegten Argumentation gelten; sie offenbaren vielmehr das widersprüchliche Verhalten von Partei- und Staatsorganen, das keineswegs ausschließlich ideologischen Prämissen folgte.

Vilmos Müller hätte die schwersten Genossen mit dem kleinen Finger in die Luft heben können. Mit den Zähnen trug er 300 Kilogramm schwere Schmiedeambosse durch die Manege. Eine 150 Kilogramm schwere Eisenkugel zog er am kleinen Finger in die Luft und prall gefüllte Möbelwagen durch die Städte. Viele Zeitungen feierten ihn als den „stärksten Mann der Welt".[144] Als er am 8.7.1913 im ungarischen Zalsegerzeg geboren wurde, waren ihm die Hanteln sozusagen schon in die Wiege gelegt worden. Bereits Vater und Großvater hatten als Kraftakrobaten von sich Reden gemacht. Mit dem elterlichen Geschäft zog Vilmos über den Balkan und stand schon als Vierjähriger erstmals in der Manege. 1933 kam die Familie nach ihrer Ausweisung aus der Tschechoslowakei nach Deutschland. Als Nichtarier verunglimpft, landete Müller 1934 im Gefängnis, danach im Arbeitslager. Mit seinen artistischen Fähigkeiten erhielt der inzwischen einge-

---

[144] Wernicke, Ulrich, „Er hob drei Zentner mit einem Finger", Die Union, Dresden 8.7.1978.

Abb. 18: Mit Orden geschmückt als Genosse der ersten
Stunde – Vilmos Müller, legendärer Kraftakrobat und bis 1972
Herr im Circus Milano.

zogene Soldat später Engagements im Auftrag der Wehrmacht. Bei den
Dreharbeiten zum Kinofilm „Die große Nummer" 1942 im Dresdener Sar-
rasani-Bau verliebte er sich in seine spätere Frau Sonja, die dort als Tänze-
rin arbeitete.

1943 desertierte er bei einem Heimaturlaub von der Wehrmacht und lebte
– wegen Fahnenflucht zum Tode verurteilt – zeitweise im Untergrund. Mit

seinen Kenntnissen in sechs slawischen Sprachen sowie Englisch und Französisch knüpfte er Kontakte zu Fremdarbeitern und flüchtete schließlich mit einem kriegsgefangenen russischen Offizier zu den polnischen Partisanen. Mit einer Einheit der Roten Armee rückte er 1945 in die Lausitz ein. In Sebnitz an der tschechischen Grenze, wo die in Dresden ausgebombte Familie das Kriegsende erwartete, fungierte Müller als Dolmetscher und Verbindungsmann zwischen den russischen Militärbehörden und der deutschen Administration. Dort war er am 15.5.1945 Gründungsmitglied der KPD-Ortsgruppe und eines der ersten Mitglieder überhaupt; sein Parteibuch trug die Nummer 15. Für diese Aufbauleistungen wurde er am 4.10.1964 mit der Vaterländischen Verdienstmedaille und am 7.10.1974 mit dem Vaterländischen Verdienstorden ausgezeichnet. Stellt man die überaus große Bedeutung derartiger Auszeichnungen für das gesellschaftliche Leben der DDR in Rechnung, so waren diese Ehrungen eine unschätzbare Sicherheitsgarantie für den Zirkusbesitzer Müller-Milano.[145]

„Mein Vater sollte Landespolizeipräsident von Sachsen werden, aber er wollte mit Politik nichts zu tun haben."[146] Deshalb kamen ihm die Kontakte zur Roten Armee sehr zugute: „1948 baten mich die sowjetischen Genossen, zunächst zur Betreuung ihrer Soldaten, wieder als Artist zu arbeiten. Sie ließen mir alle erdenkliche Hilfestellung zuteil werden, gaben mir Funkwagen, alte Lanz-Bulldoggs, schließlich auch ein Fliegerzelt zum Spielen. Daraus wurde 1949 der eigene Zirkus, nachdem wir vorher schon gelegentlich vor Landsleuten auftreten durften."[147]

Zirkus Milano entwickelte sich zu einem ordentlichen kleinen Familienzirkus. Direktor Vilmos Müller zeigte seine Kraftjonglagen, Sohn Michael wurde als Bärendompteur in der DDR bekannt, Sohn Mario tanzte auf dem Drahtseil und Mutter Sonja wagte sich als einzige Frau ohne Peitsche in den Löwenwagen und legte ihren Kopf der Filmlöwin Roya ins Maul, bis die 1960, von einem Zuschauer-Schrei erschreckt, zubiß und ihre Partnerin schwer verletzte.[148] 1968 hatte der Circus ein Zelt für 1200 Personen, 32 Wagen, sechs Löwen, fünf Bären, fünf Schimpansen, 25 Ponys, sieben Pferde, vier Esel, sechs Affen, drei Waschbären, sechs Reptilien und zwei Papageien.[149] Bei den Gastspielstädten war der Zirkus beliebt und gern gesehen, was über hundert Eintragungen von Bürgermeistern und Stadträten in zwei Poesiealben dokumentieren. „Hervorragende Dressurleistungen und ein

---

[145] Aus der DDR sind insgesamt 5380 verschiedene Auszeichnungen bekannt. Dazu Geitel, Klaus, Über die deutsche Lust am Orden, in: Die Welt vom 24.4.1999.
[146] Müller-Milano, Mario, Dresden, im Interview am 12.3.1999.
[147] Wernicke, „Er hob drei Zentner mit einem Finger", Die Union, Dresden 8.7.1978.
[148] Dazu: Thierfelde, Hanna, Allez – hopp, Neue Zschopauer Zeitung, 6.7.1963.
[149] Rekonstruiert nach Fotos im Archiv-Bestand Müller-Milano, Dresden.

Abb. 19: Sonja Milano und Filmlöwin Roya waren gute Kolleginnen – bis die Raub-
katze 1960 zubiß und ihre Dompteurin schwer verletzte.

künstlerisch gutes Programm mit jungem Nachwuchs und gutem Artistenkol-
lektiv unter der vorzüglichen Leitung des Altmeisters Milano begeisterten
die Zirkusbesucher", attestierte etwa 1961 der Rat des Kreises Eisenach.[150]

Obwohl Kommunist aus Überzeugung, ließ Milano sich in seiner Arbeit
nicht vor den Karren der Propaganda spannen. Weder finden sich in den
Programmzetteln die üblichen Mottos, noch habe er im Zirkus Banner aufhängen lassen.[151] Mit seinen engen politischen Kontakten konnte er sich
das leisten. Steinmüller schrieb, zur Gründung des Zentralzirkus sei zwar
Netzker der „größte Circusboß" gewesen, gesellschaftspolitisch habe aber
Milano über ihm gestanden. „Milano konnte schon damals ohne Begleit-
person im ZK verkehren. Netzker nicht!" Dieser habe es stets vermieden,
gegen Milano zu arbeiten, einmal, weil es zwecklos gewesen sei, zum
anderen, weil dessen Freundschaft ihm nur habe dienlich sein können.[152]

---

[150] Rat des Kreises Eisenach, Eintragung in Poesie-Album des Circus Milano
vom 7.7.1961, im Archiv Müller-Milano, Dresden.
[151] Müller-Milano, Mario im Interview am 12.3.1999.
[152] Steinmüller, Peter, Dresden, Brief vom 30.1.1972, im Archiv Erstes Deutsches Circusmuseum, Preetz.

Abb. 20: Mit seinen Braunbären berühmt geworden:
Michael Müller-Milano 1968.

Beide hatten stillschweigend einen Nichtangriffspakt geschlossen. „Mein
Vater sollte eigentlich Direktor des Zentralzirkus werden. Aber die Funktionäre hätten mit allen Mitteln versucht, ihn loszuwerden, weil er den Polit-
Zirkus nicht mitgemacht hätte."[153] Milano stützte Netzker und dieser ließ
den privatwirtschaftlich organisierten Circus Milano unbehelligt.

Um sich dem Druck der extrem hohen Besteuerung zu entziehen, hatte
Milano sein Unternehmen optimal konstruiert. „Mein Vater hätte sich von
dem Gewinn nach Steuern normalerweise nicht ein Fahrrad kaufen
können."[154] So wurden alle Familienangehörigen, die einen Berufsausweis

---

[153] Müller-Milano, Mario im Interview am 12.3.1999.
[154] Ebd.

besaßen, als freie Künstler engagiert und erhielten die übliche Gage. Diese wurde nur mit 20 bis 30 Prozent statt 90 bis maximal 98 Prozent Einkommenssteuer belegt. Anschaffungen wie zum Beispiel neue Fahrzeuge wurden dann von den Kindern getätigt und bezahlt. Dieses systematisch angewandte Verfahren hätte bei anderen Zirkussen die Steuerprüfungen kaum überstanden. Daß die Finanzbehörden dagegen nicht vorgingen, war der politischen Rücksichtnahme zu verdanken.

Wie weit die reichte, zeigt ein anderes Beispiel. 1968 wurde Milanos Sohn Mario von einem Schnellgericht in Magdeburg wegen Widerstand gegen staatliche Maßnahmen im Zusammenhang mit dem Aufstand in der CSSR innerhalb von 24 Stunden zu vier Jahren Freiheitsstrafe verurteilt. Was war geschehen? Der Zirkus war zu einem Gastspiel in Braunsbedra bei Halle angereist. Um auf den Gastspielplatz zu gelangen, mußten die Fahrzeuge einen Bürgersteig überqueren. Ein Volkspolizist wollte das verhindern und befahl Milano, die Fahrer anzuhalten. Als dieser widersprach, gab ihm der Offizier eine Ohrfeige, woraufhin Milano den Polizisten mit einem Kinnhaken auf den Boden warf und mit einem Tritt dessen Dienstmütze in eine Pfütze beförderte. „Mein Vater war gerade in Berlin, und man hat Zeugen beigebracht, die aussagten, ich hätte zuerst geschlagen."[155] In der Berufung vor dem Bezirksgericht Halle war bekannt geworden, wessen Sohn man verurteilt hatte. „Da war das Klima ein ganz anderes. In einer Gegenüberstellung zeigte sich, daß der Hauptzeuge kurzsichtig war und aus 100 Metern Entfernung zwei Personen nicht unterscheiden konnte, und die zweite Zeugin war bestochen."[156] Milano wurde freigesprochen, der Polizist versetzt. „Wenn es aber ein anderer Zirkus gewesen wäre, hätten sie an dem ein Exempel statuiert und ihn volle vier Jahre sitzen lassen."[157]

1971 erlebte das Unternehmen seine beste Saison. „Wir hatten nur ausverkaufte Vorstellungen."[158] Trotzdem war am Jahresende Schluß. Klammheimlich wurde der Zirkus am Saisonende aufgelöst. Die Kinder wurden selbständige Artisten oder freie Schausteller. „Man hat immer Gründe gesucht, um die Privatzirkusse kaputtzumachen. Diesen Druck, diesen ständigen Druck, haben wir gesagt, machen wir nicht mehr mit. Mein Vater war schwer krank, bekam eine VVN-Rente. Wir Kinder konnten auch anders unser Geld verdienen."[159]

Ende der 60er Jahre erhöhte sich der Druck auf die Privatzirkusse erneut. Das Resultat: Von 1968 noch sieben Privatzirkussen war 1972 einer übrig. Diese unverkennbare Häufung von Unternehmensaufgaben ist allein aus

[155] Ebd.
[156] Ebd.
[157] Ebd.
[158] Ebd.
[159] Ebd.

Abb. 21: Hand in Hand zum Publikumserfolg – Sonja Milano 1968 mit ihren Schimpansen.

persönlichen Motiven der Betreiber heraus nicht zu erklären. So ist auch im Fall des Circus Milano nach weiteren Ursachen zu suchen. Es ist unwahrscheinlich, daß der Druck nur aus der allgemeinen gesellschaftlichen Tendenz zu einer Verstaatlichung bzw. Schließung der verbliebenen Privatbetriebe resultierte. Wahrscheinlicher ist, daß die Entwicklung im Zirkusbereich zwar der allgemeinen Marschrichtung entsprach, aber durch spezifische Motive ausgelöst wurde.

Wie schon im vorigen Abschnitt angedeutet, waren die Privatzirkusse für den Zentralzirkus ein lästiges Anhängsel, weil sie trotz der zahlreichen Beschränkungen subventionsfrei, sogar gewinnbringend arbeiteten. Da es dem Zentralzirkus in einem Jahrzehnt nicht gelungen war, die benötigten Zuschüsse wesentlich herunterzufahren, war seine Leitung motiviert, die Vergleichsobjekte zu beseitigen. Der Zentralzirkus hatte, als kontrollierende Instanz für die Lizenzzirkusse dem Ministerium für Kultur vorgeschaltet, die institutionellen Möglichkeiten dazu. In der SED-internen Diskussion setzten die Funktionäre des Zentralzirkus zur Durchsetzung dieses Ziels nicht nur das übliche Argument der Zurückdrängung der letzten Privatbetriebe ein. In Anlehnung an das sowjetische Vorbild wurde vor allem die Hypothese verfochten, der Zentralzirkus werde subventionsfrei arbeiten, wenn er die rund eine Million Zuschauer der Privatzirkusse gewinnen könne. Zu diesem Zweck sollten die Betriebe auf dem Land ihre Beschäftigten kollektiv zum Besuch der volkseigenen Zirkusse verpflichten und die Eintritte vollständig oder teilweise aus den Kulturfonds der Gewerkschaften finanzieren, ähnlich wie der FDGB 1951 den VE Circus Barlay in Leipzig unterstützt hatte (siehe Kapitel III.3).[160] Dieses Vorhaben stieß bei den Genossen und Gewerkschaftsfunktionären jedoch auf wenig Gegenliebe. Widerstand gegen die Pläne machte sich breit: Der Leiter der Abteilung Kultur im Zentralkommitee der SED, Dr. Arno Hochmuth, intervenierte zugunsten der Kleinzirkusse. Die Vergabe neuer Lizenzen an Privatleute war Anfang der 70er Jahre nicht durchsetzbar. Steinmüller schrieb, das ZK der SED habe darum Ende 1969 Otto Netzker im Parteiverfahren beauftragt, drei VE Kleinzirkusse zu gründen und dazu Gelder aus dem Katastrophenfonds zur Verfügung gestellt.[161] Aus der Erfahrung mit dem Zirkus Barlay/Olympia Anfang der 60er Jahre mußte Netzker aber wissen, daß in diesem Fall ein weiterer Anstieg der Zuschüsse nicht vermeidbar gewesen wäre. Da der Betrieb nach dem Prinzip der persönlichen Verantwortung des Generaldirektors organisiert war,[162] wäre Netzkers eigene Position womöglich in Gefahr geraten. Mit seinem Stellvertreter, dem Künstlerischen Direktor Mario Turra, Träger des Nationalpreises III. Klasse, der seit 1963 theoretische Grundlagen der sozialistischen Zirkuskunst erarbeitet hatte,[163] stand überdies ein möglicher Nachfolger bereit.

Steinmüller behauptete, Netzkers gute Kontakte ins Politbüro hätten schließlich zu einer Aufgabe der Forderung nach Kleinzirkussen geführt. Um seine Position endgültig zu festigen, forcierte er daraufhin bis 1972 die Verdrängungsstrategie. Vilmos Milano hingegen verfügte ebenfalls über exzellente Kontakte ins Politbüro, etwa zu Kurt Hager, Leiter der Ideologiekommission, oder Günter Mittag, 1962 bis 1973 als Sekretär des ZK zuständig für Wirtschaftsfragen.[164] Über die geplanten Weichenstellungen informiert, zog Milano Ende 1971 die Konsequenz. Er mußte befürchten, trotz seiner Position als Widerstandskämpfer und Genosse der ersten Stunde jetzt ebenfalls in Bedrängnis zu geraten. Indem er sich unbemerkt aus dem Zirkusgeschäft zurückzog, konnte Milano zumindest seinen Besitz vollständig retten, der verkauft bzw. von seinen Kindern weiter genutzt wurde.

---

[160] Vgl. Steinmüller, Peter, Dresden, Brief vom 30.1.1972, im Archiv Erstes Deutsches Circus-Museum, Preetz.

[161] Vgl. ebd.

[162] Vgl. Anordnung Nr. 2 über die Errichtung des VEB Zentral-Zirkus vom 21.5.1965 [mit neuem Statut M.W.], in: Weise, 1966, S. 61.

[163] Günther/Winkler, 1986, S. 245 ff.

[164] Vgl. Müller-Milano, Mario, Dresden, Interview am 12.3.1999.

Eine direkte Beziehung zwischen dem Zuschuß-Bedarf des Zentralzirkus und dem Ende der Privatzirkusse läßt sich über das im Fall Probst Gesagte hinaus nicht durch Unterlagen belegen. Verschiedene Indizien machen die von Steinmüller 1972 geäußerten Vermutungen jedoch plausibel. Dafür spricht, daß Dr. Hochmuth kurz nach den geschilderten Ereignissen seinen Posten verlor, er wurde in eine Professorenstelle weg belobigt. Dafür spricht auch, daß Milano sein Geschäft just dann aufgab, als Netzker seine Position weitgehend gefestigt hatte, ihm mithin gefährlich werden konnte. Als Beweis dessen kann der Vaterländische Verdienstorden in Bronze gelten, den Netzker im Oktober 1971 ohne öffentliche Verlautbarung erhielt. Denkt man an den Fall Rudolf Probst, der bemerkenswerter Weise gerade im Jahr darauf – 1972 – eskalierte, so lag Milano mit seinem Entschluß augenscheinlich richtig. Stellt man außerdem in Rechnung, daß im Falle von Milanos Tod seine Kinder mit fast garantierter Sicherheit keine neue Lizenz erhalten hätten, so nahm er mit der selbst gewählten Auflösung des Zirkus nur zu einem günstigen Zeitpunkt das vorhersehbare Schicksal des Unternehmens vorweg; von freiwilliger Geschäftsaufgabe kann somit nur sehr bedingt die Rede sein.

Winkler schreibt, das beständigste Familienunternehmen der DDR sei, wenn auch immer ein Kleinzirkus geblieben, Circus Hein.[165] Nach den vorhergehenden Fallbeispielen ist eine Bedeutungsverschiebung dieser Aussage nötig. Hein war das beständigste Familienunternehmen, gerade weil er immer ein Kleinzirkus geblieben ist und auch keine weitergehenden Absichten verfolgte. Darin dürfte einer der Hauptgründe liegen, weshalb der Zirkus bis zur Wende unbehelligt in der DDR spielen konnte. Hinzu kam die besondere Popularität seiner langjährigen Direktorin Adelheid Hein, die in Zirkuskreisen und in der Presse nur als „Tante Adelheid" bekannt war. Steinmüller schrieb, sie sei eine zu gute Frau, einen Lizenzentzug brächte selbst Otto Netzker nicht übers Herz.[166]

Adelheid Hein stammte aus Schlesien, wo sie am 29.4.1911 als ältestes von 13 Kindern geboren wurde. Ihr Vater Waldemar Sperlich besaß einen Kleinzirkus, in dem Adelheid schon als kleines Mädchen auftrat. Nach dem frühen Tod der Mutter sorgte sie für die sieben überlebenden Geschwister. Nach ihrer Heirat mit dem Artisten Rudolf Hein gründeten sie 1933 ein kleines Reisevarieté. Bei Kriegsbeginn mußten sie das Unternehmen jedoch aufgeben; Adelheid ging zurück ins väterliche Geschäft, ihr Mann wurde von der Wehrmacht eingezogen. Wann genau nach Kriegsende der Circus

---

[165] Winkler, Dietmar, Familienzirkusse in der DDR, in: Günther, Ernst/Lange, Wolfgang/Rösler, Walter, Rock, Pop, Schlager, Revue, Zirkus, Kabarett, Magie – ein Almanach, Kassette 11, Berlin Ost 1988, S. 167.

[166] Steinmüller, Peter, Dresden, Brief vom 30.1.1972, Archiv Erstes Deutsches Circus-Museum, Preetz.

Abb. 22: Das Lieblingstier der Direktion – die Kassenschlange, hier im Circus Hein 1984. Über Zuschauermangel konnten auch die kleinen Privaten sich nicht beklagen.

Hein seine Spieltätigkeit wieder aufnahm, ist unsicher. Spätestens 1948 reiste man mit einer oben offenen Rundleinwand durch die SBZ, 1950 wurde das erste Zelt angeschafft.

Der kleine Zirkus stützte sich auf die weitverzweigte Großfamilie, die sich als ein ergiebiges Reservoir von Artisten und Dresseuren erwies, vor allem nachdem Adelheids Vater Waldemar und ihr Onkel Oskar ihre Geschäfte 1953 aufgeben mußten. Artisten außerhalb des Familienverbandes mußten deshalb nicht engagiert werden, was erhebliche Kosten sparte.

1959 reiste Hein mit einem Zwei-Masten-Zelt für etwa 800 Zuschauer, 25 Wagen und 35 Tieren – Pferden, Bären, Affen, Hunden und Tauben.[167] Am 21.3.1959 verstarb Rudolf Hein unerwartet. Daß die Lizenz daraufhin seiner Frau übertragen wurde, ist nicht erstaunlich, weil die strikte Auflösung der Privatzirkusse nach dem Tod der Lizenzinhaber erst in den späten 60ern praktiziert wurde. Außerdem war die Direktorin sichtlich bemüht, sich den Forderungen der SED anzupassen, zumal, wenn sie sinnvoll waren.

So bestand von seiten des Staates großes Interesse an einer verbesserten Ausbildung junger Talente, um diese als Sympathieträger international ein-

---

[167] Vgl. Sperlich, Rudolf, Meltendorf bei Elster, im Interview am 26.1.1999.

Abb. 23: Klein, aber fein und bis zur Wende in der DDR unterwegs – Circus Hein
hier 1963 in Waltershausen.

zusetzen. Von 1956 bis 1968 besaß der Circus Hein aus Eigeninitiative als
einziger Privatzirkus der DDR eine Minischule für die 18 schulpflichtigen
Kinder. Während der Zirkus einen Schulwagen mit Inventar bereitstellte,
wurde die Lehrerin vom Staat bezahlt. „Jetzt sollten wir auf einmal lernen.
Wenn man vier oder fünf Jahre nichts mitgekriegt hat, sagt man, Mensch,
das ist ja richtig anstrengend. Also mußten wir versuchen, die Lehrerin
wegzujagen. Da haben wir viele Streiche gemacht. Die hat nach 14 Tagen
gesagt, sie hält es nicht aus, so freche Kinder. Wir haben sie geärgert, wo
es nur ging. Dann kam mein Onkel und hat ihr einen Rohrstock gegeben
und gesagt: ‚Wenn sie nicht lernen, immer drauf, drauf, drauf.' Das hat sie
dann gemacht. Wir sind schreiend zu den Eltern gelaufen, die durfte das
doch gar nicht. Aber da haben wir noch mehr Dresche bezogen. Dann
haben wir dumm dagesessen und uns blieb nichts übrig, als schlau zu
werden."[168]

Ohne Komplikationen konnte auch Circus Hein die DDR nicht bereisen.
Ein Freund der Familie erinnert sich, die Sozialisten hätten nur darauf ge-
wartet, daß die Prinzipalin in ihrer Buchführung Fehler machte, um eine
Gelegenheit zum Lizenzentzug zu haben und den Zirkus zu schließen.[169]
Sie forderte den Staat daher nicht heraus, beschränkte sich gewissenhaft

---

[168] Ebd.

Abb. 24: Ein Programm von einer für viele Familien war Markenzeichen bei Hein,
hier Sohn Rudi 1975 mit seinen Pferden.

auf die Führung ihres kleinen Unternehmens und akzeptierte die Einschränkungen und Bevormundungen durch das Kulturministerium und den Zentralzirkus.

Unter diesen Voraussetzungen konnte der Circus Hein in den 70er Jahren
von einer Alibifunktion als letzter Zirkus in Privatbesitz profitieren, die
ihm womöglich das Überleben sicherte. Im Hinblick auf das besondere
deutsch-deutsche Konkurrenzverhältnis der politischen Systeme hatte die
SED von Anfang an auf eine ungetarnte Zwangsverstaatlichung der Zirkusse und die sofortige Zentralisierung nach sowjetischem Vorbild verzichtet, statt dessen verdeckt operiert und eigens eine Lizenzordnung für Zirkusse und andere Schausteller erlassen. Damit wurden zwar vor allem
deren Betätigungsmöglichkeiten beschnitten, andererseits bekannte man
sich damit – was aus ideologischer Perspektive ja nicht unbedingt zu erwarten war – zu den Privatzirkussen als einem gesetzlich verankerten Element
des sozialistischen Kulturlebens. Diese grundsätzliche Systemintegration
privater Zirkusse entpuppte sich allerdings als Lippenbekenntnis, als die
verbliebenen Lizenzzirkusse in einem engen zeitlichen Korridor aufgelöst
oder geschlossen wurden und damit die Freiwilligkeit dieser Entscheidung

---

[169] Hantke, Claus, Zum Gedenken an Adelheid Hein, in: Circus Hein, Programmheft 1996.

Abb. 25: Von jeher ein Markenzeichen der Manegenwelt –
der Clown. Der dumme August durfte auch im Sozialismus
nicht fehlen. Hänger von 1956.

in Zweifel stand. Indem man ein letztes Unternehmen bestehen ließ, wurde
eine Interpretation des Geschehens möglich, die die Gründe für die Aufgabe der anderen Zirkusse auf individuelle Motive abwälzte und damit von
der grundsätzlichen staatlichen Zermürbungsstrategie ablenkte.

Der Circus Hein stellte als letztes verbliebenes Familienunternehmen ohnehin keine wirkliche Konkurrenz für den Zentralzirkus dar. Die Besucherzahlen eines einzigen Lizenzunternehmens dürften bei etwa 150.000 jährlich gelegen haben und waren vergleichsweise marginal. Auch aus künstlerischer Hinsicht stellte Hein die Betriebsteile des Zentralzirkus nicht in den
Schatten, war aber attraktiv genug, die proklamierten Aufgaben angemessen

zu erfüllen. Die Vorteile einer Fortexistenz des Circus Hein überwogen aus der Perspektive der Parteifunktionäre im Kulturministerium und im Zentralzirkus deutlich die ideologischen Ressentiments. Damit war es nicht reine Menschenliebe, sondern Kalkül, was den Circus Hein rettete.

Man ließ den Zirkus, entsprechend dem gängigen Verfahren, weiter reisen, solange Adelheid Hein die Direktion innehatte. Ein Glück für das Unternehmen war, daß sie bis ins hohe Alter gesund blieb und zumindest offiziell als Direktorin auftreten konnte. Obgleich im Zuge der leichten Entspannung Mitte der 80er Jahre Neulizensierungen möglich und bald sogar erwünscht waren, lehnte man die Übertragung der Lizenz an ihren Pflegesohn Rudolf Sperlich zunächst ab. Dieser war seit 1976 verantwortlich für die Geschäftsführung. Trotzdem verlangte man nach Aufgabe der grundsätzlichen Ablehnung einer Lizenzübertragung, Sperlich solle beim Staatszirkus eine Ausbildung absolvieren – nach über 25 Jahren Zirkuserfahrung. „1986 im Januar haben wir wieder einen schriftlichen Antrag gestellt. Dann haben sie uns einbestellt und gesagt, na gut, ich könnte die Lizenz bekommen – aber ich müßte in eine Blockpartei eintreten."[170] Als gläubiger Christ lehnte er zunächst ab: „Die wollten mir weismachen, daß es keinen Gott gibt. (...) Jedenfalls sind die bald durchgedreht. Die sagten, jetzt hat der die Möglichkeit, jeder würde sofort ja sagen. Wir sind dann auseinandergegangen."[171] Bald hatte Sperlich einen neuen Termin, bei dem er erklärte, er wolle, wie die Direktoren des Staatszirkus, SED-Mitglied werden. Er berichtet, ein Journalist habe ihn auf die Idee gebracht, auf diese Weise seinen guten Willen zu zeigen. „Er sagte, als Privatunternehmer im Sozialismus könnten sie mich nicht aufnehmen. Sie haben mich nicht aufgenommen."[172] Aber dafür wurde Rudolf Sperlich am 29.4.1986 zu Adelheid Heins 75. Geburtstag vom stellvertretenden Minister für Kultur die Lizenz überreicht.[173]

---

[170] Sperlich, Rudolf, Meltendorf bei Elster, im Interview am 26.1.1999.
[171] Ebd.
[172] Ebd.
[173] Adelheid Hein verstarb am 18.1.1994.

V. Der Staat endete nicht am Chapiteau

Zusammenfassung und Fazit

„Ich war zuhause in Hafengegenden, auf Jahrmärkten und in Zirkuszelten, wo die Gedanken offen waren für Veränderlichkeiten und Wanderschaft, wo der Blick ins Weite gerichtet war."

Peter Weiss

Vorhang auf, Manege frei. Das Spiel beginnt. Denkt man an den Reigen bunt kostümierter und geschminkter Clowns und Akrobaten, wild galoppierender Pferde mit wehenden Mähnen und im wechselnden Licht der Scheinwerfer flirrendem Zaumzeug, denkt man an die Vielfalt der Exoten und der Raubtiere aus aller Herren Länder – man könnte meinen, der Staat als normgebende Instanz bliebe außen vor, hörte vor dem Eingang zum Chapiteau einfach auf. Zirkus, in seinem Wesen liegt das Internationale wie in keiner anderen Kunst. Überall wird er verstanden ohne Vorbildung. Seine Artisten, ob auf zwei oder auf vier Beinen, kommen aus der ganzen Welt. Sie werden engagiert für ihr Können, ohne Ansehen von Rasse, Religion oder Hautfarbe. Ihre Darbietungen variieren in Geschicklichkeit, Anmut und Courage, nicht aber in der Sprache, weil diese als Gestaltungsmittel kaum in Erscheinung tritt. Deshalb ist die Zirkuskunst für ideologische Beeinflussung wenig anfällig und wenig brauchbar, was viele erfolgreiche Auftritte begabter Künstler kommunistischer Länder in westlichen Engagements seit 1945 immer wieder demonstrierten.

Das sahen die Sozialisten in der DDR ganz anders. Traditioneller Zirkus war ihnen ein Dorn im Auge, aus theoretischen Gründen wie praktischen Nützlichkeitserwägungen gleichermaßen. Die Spezifika des herkömmlichen Zirkuslebens und -arbeitens widersprachen den Prinzipien des staatlich verregelten Sozialismus in diametraler Weise, und die Reaktion auf- und miteinander mußte daher zu extremen Konflikten und deutlichen Anpassungs- oder Abstoßungserscheinungen führen. Das macht den Reiz dieser Thematik aus, sie ermöglicht es, die Geschichte der DDR abseits der üblichen allgemeinpolitischen oder sozialen Geschichtsschreibung wie in einem Spiegel auf den Blickwinkel dieser Spezialhistorie begrenzt zu analysieren. Wie die vorliegende Darstellung gezeigt hat, korrespondierte die Entwicklung der Zirkusse eng mit derjenigen der Gesamtgesellschaft. Das erlaubt die Überbrückung spezieller Überlieferungslücken mit dem Hinweis auf allgemeine

Tendenzen ebenso wie die Bestätigung allgemeiner Vermutungen anhand dieser thematisch eng umrissenen Analyse.

Die privaten Zirkusse kamen auch in der DDR vorrangig ihrer ureigenen Aufgabe nach, das Publikum zu unterhalten, zu erheitern, zu erstaunen und zu verblüffen. Die Zufriedenheit der Besucher war der Garant für wirtschaftlichen Erfolg und damit oberstes Gebot. Daß die Zirkusvorstellungen Teil der von Partei- und Staatsführung forcierten Neutralisierungsstrategie für die passive Bevölkerungsmehrheit waren, ist den meisten Zirkus-Leuten wohl kaum aktiv bewußt gewesen. Gerade der Kontrast des süßen „Zukkerbrotes" Zirkus zu den zunehmenden Einschränkungen individueller Freiheiten dürfte dessen Akzeptanz und Beliebtheit sogar gesteigert und seinen Erfolg zumindest tendenziell begünstigt haben. Solange sie in ihrer künstlerischen und wirtschaftlichen Entfaltungsfreiheit nicht über Gebühr behindert wurden, nahmen die Zirkusbetreiber die indirekte Instrumentalisierung zweifellos, vielleicht sogar wohlwollend, in Kauf, da sie mit ihren eigenen Interessen konform ging.

Diesem Arrangement auf künstlerischer Ebene kam die Neutralität der Zirkusdarbietungen zugute. Weil die artistische Kunst im Zirkus nur für sich selbst steht, entzieht sie sich seit jeher, von oberflächlichen Anpassungen abgesehen, weitgehend einer Ideologisierung. Sie ist damit schwer zu instrumentalisieren, besitzt aber auch kein unkontrollierbares systemkritisches Potential. Während Bildende Kunst oder Literatur nach Gründung der DDR inhaltlich wie formal unter das zwingende Postulat des sozialistischen Realismus gestellt wurden, der aktiv gesellschaftsverändernd wirken sollte, beschränkten sich die staatlichen Eingriffe bei den Zirkusprogrammen letztlich auf das Verhindern systemkritischer Äußerungen in der Clownerie oder antikommunistischer Symbolik. Zwar wurde vielfach der Aufbau einer spezifisch sozialistischen Zirkuskunst gefordert, weil jedoch niemand deren Charakter konkretisieren konnte, blieb es weitgehend bei oberflächlichen Phrasen.

Diese Diskrepanz von ideologischem Anspruch und faktischer DDR-Realität, die ja keineswegs nur dem Zirkus eigen war, führte in der Praxis dazu, daß allein aus Gründen der Programmgestaltung bzw. des künstlerischen Inhaltes kein Zirkus geschlossen wurde. Das soll nicht heißen, daß nicht einige der Unternehmen, die vor allem in den frühen 50er Jahren keine Lizenz oder Spielerlaubnis bekamen, qualitativ schlechte Programme gezeigt hätten. Ebenso unbestritten bedienten sich die Funktionäre von Partei und Staat in der offiziellen Argumentation künstlerischer Begründungen zur Gängelung oder Liquidierung von Zirkussen. Die Verbesserung oder sozialistische Aufwertung der Zirkuskunst selbst war für das Vorgehen des Staates aber nicht das handlungsleitende Motiv, sondern schlicht das argumentativ verwendete Mittel zum Zweck. Wie die vorliegende Untersuchung anhand verschiedener Beispiele gezeigt hat, war vielmehr die allgemeine Forderung der SED-Führung nach einem raschen „Aufbau des Sozialismus" der Motor der Entwicklung, gezündet durch zufällige Umstände wie die Flucht Harry Barlays oder den Tod Fritz van der Heydts, verbunden mit dem Wunsch und dem nicht immer altruistischen Bemühen weniger im Zirkusbereich aktiver Genossen, den Sozialismus auch hier aufzubauen. Es ging mithin nicht um die Darbietungen der Zirkusse, sondern vielmehr um deren gesellschaftliche und wirtschaftliche Verfaßtheit. Diese sollte sich sozialistischen Normen anpassen. Deshalb war mit Gründung der drei volkseigenen Zirkusse absehbar, daß die verbleibenden Privatunternehmen aus ideologischen Gründen nicht auf Dauer fortbestehen konnten.

Nach der Bildung volkseigener Zirkusse traten wegen deren äußerst schwieriger realsozialistischer Entwicklung aber vor allgemeinen spezielle Motive und Absichten im Umgang mit den Privatzirkussen in den Vordergrund. Die vor allem wirtschaftliche Schwäche der volkseigenen Zirkusbetriebe sollte durch Ausschaltung der privaten Konkurrenz gemindert werden, wobei, wie im Fall Baruk, damit überdies eine konkrete materielle Aufstockung der VE Zirkusse einher gehen konnte.

Dabei ging man jedoch nach Möglichkeit weiterhin den Weg des geringsten Widerstandes, nutzte eine aktuelle Situation zum Eingreifen, anstatt durch Aktionen auf breiter Front nicht nur eine schlechte West-Presse, sondern auch unnötigen Unmut in der eigenen Bevölkerung zu provozieren oder das ohnehin begrenzte künstlerisch-artistische Potential durch eine panikartige Massenflucht der Zirkusartisten auszudünnen. So bediente man sich immer wieder der allgemein üblichen Methoden, Betriebe über die Erhebung völlig oder teilweise konstruierter Steuerschulden zu beseitigen. Diese Fälle sind im nachhinein klar als de-facto-Enteignungen zu charakterisieren, die sowohl aufgrund der generellen gesetzlichen Praxis als auch aufgrund des individuellen Vorgehens der Finanzbehörden als grob rechtsstaatswidrig zu gelten haben.

Dennoch ließ sich bei fiskalischen Liquidierungsmaßnahmen eine Scheinlegitimität für direkte oder indirekte Betriebsschließungen erzeugen, die nach außen besser zu vertreten war, als eine Argumentation aus „kulturpolitischen" Überlegungen heraus. Hätte letztere in der Bevölkerung möglicherweise Unzufriedenheit mit dem System hervorgerufen, so ließ sich die Liquidierung von Privatzirkussen über die Stigmatisierung ihrer Betreiber als Verbrecher und Schädlinge des sozialistischen Aufbaus propagandistisch zur Solidarisierung mit dem System verwerten. Weil alle Zirkusbetreiber jederzeit mit derartigen Aktionen rechnen mußten und weil sie ihre Geschäfte nicht an ihre Kinder übertragen oder an Fremde verkaufen konnten, sind viele „freiwillige" Betriebsaufgaben oder überstürzte Westfluchten offensichtlich nur unter der massiven Bedrohung durch die DDR-Administration erfolgt.

Daß dennoch bis in die 70er Jahre private Zirkusse in größerem Stil die DDR bereisten, war der pragmatischen Einsicht zu verdanken, daß sich anders eine Bespielung des ländlichen Raumes nicht organisieren ließ. Die privatkapitalistische Enklave wurde hingenommen, weil die Zirkusse faktisch zu weitgehend abhängigen Auftragskünstlern auf eigene Rechnung degradiert waren. Nach Gründung des VEB Zentralzirkus und dessen Übernahme einer umfassenden Kontrollfunktion über seine potentielle, private Konkurrenz staute sich über einige Jahre ein zunehmender Liquidationsdruck an, weil selbst die gesetzlich strikt eingeengte Stellung der Privatzirkusse deren erneuten Aufstieg nicht gänzlich verhinderte, bis gegen Ende der 60er die mittelfristige Abschaffung der Privatzirkusse zum unerklärten Ziel wurde. Auch jetzt waren die Funktionsträger im Kulturministerium und im VEB Zentralzirkus bestrebt, den Anschein der Rechtsstaatlichkeit zu wahren. Aus diesem Grund blieb ein privater Zirkus bis zur Wiedervereinigung mit einer Alibi-Funktion erhalten.

Es war trotz der sehr umfangreichen Vorarbeiten und Recherchen sowohl aus Platz- wie auch aus Zeitgründen nicht möglich, die hier zusammengefaßte Entwicklung vollständig zu erfassen und jedes private Zirkusunternehmen in diesen Rahmen einzuordnen. Mit den Fallbeispielen wurde jedoch ein charakteristischer Querschnitt ausgewählt, der alle vorkommenden Spielarten im Verhältnis privater Zirkusse zur DDR abdeckt und interpretatorisch erfaßt.

Neben den speziellen und individuellen Ursachen und Automatismen, die sich aus der einmal angestoßenen Entwicklung im Zirkus-Bereich und den besonderen Gegebenheiten im Einzelfall ergaben, waren stets auch allgemeine Ursachen für die langfristige Beseitigung der privaten Zirkusse verantwortlich, die in der grundsätzlichen Unvereinbarkeit des traditionellen Zirkus mit der sozialistischen Gesellschaftsordnung begründet sind.

Natürlich mußte das Geschäftsinteresse der Privatzirkusse dem sozialistischen Wirtschafts- und Kunst-Verständnis zutiefst widersprechen. Schon der Wettbewerbsgedanke, der nicht nur die Arbeit der privaten, sondern in den frühen Jahren auch diejenige der volkseigenen Zirkusse durchaus noch bestimmt hatte, war den Sozialisten suspekt. Neben der theoretischen ideologischen Begründung liegt ein praktisches Argument offen zutage: In einer weitgehend staatsgelenkten Wirtschaft hätten private Zirkusse, wenn sie nicht nur die ihnen zugedachte Lückenbüßerfunktion auf dem Land gespielt hätten, als eine privatwirtschaftliche Insel, deren finanzielle Erfolge zudem öffentlich sichtbar waren, ja gerade auf schillernde Weise zur Schau gestellt wurden, schnell Begehrlichkeiten nach Reprivatisierung in anderen Berufsgruppen wecken können. Diesen kontraproduktiven Zündfunkeneffekt galt es unbedingt zu unterbinden.

Nicht nur die Außenwirkung der Zirkusse, auch ihre Binnenstruktur machte aus Sicht der Sozialisten eine Verstaatlichung sinnvoll und nötig. Vor allem ließ sich das Kontrollbedürfnis des Staates in größeren staatlichen Zirkuseinheiten besser realisieren. So war der Anreiz, in den Westen zu gehen, für Dompteure wesentlich geringer, wenn sich die Dressurtiere in Staatsbesitz befanden, somit keinesfalls mitgenommen werden konnten. Der Neuanfang im Westen wurde damit deutlich erschwert. Auch die entstehende sozialistische Gesellschaftsstruktur konnte in privaten Zirkussen, zumal in Familienbetrieben, kaum Fuß fassen. Damit DDR-Massenorganisationen wie FDGB oder FDJ sich auch im Zirkus etablieren konnten, mußte durch Verstaatlichung der nötige Beitrittsdruck geschaffen werden. Nur so konnten auch die Indoktrination und Kontrolle der Zirkus-Mitarbeiter verstärkt werden, die durch ihr Wanderleben den üblichen Beeinflussungsversuchen von Partei und Staat entzogen waren.

Der dritte Argumentationsbereich ist geprägt durch das Konkurrenzverhältnis zwischen Bundesrepublik und DDR, dem sich besonders die DDR durch einen latenten Rechtfertigungsdruck verpflichtet fühlte. Mit allen Mitteln der Propaganda versuchten die Sozialisten, vor allem der Bevölkerung des „feindlichen Systems" die Vorzüge des eigenen zu demonstrieren. Aufgrund der ungelösten deutsch-deutschen Frage und der offensichtlich besseren wirtschaftlichen Entwicklung der Bundesrepublik war die DDR-Regierung außerdem bemüht, die Welt von ihrer Existenzberechtigung als „besseres Deutschland" zu überzeugen. Konnte man in der Bundesrepublik der 50er Jahre vor allem auf das „Wirtschaftswunder" verweisen, so rückte in der DDR neben dem Spitzensport auch die unpolitische und damit unanstößige Zirkuskunst als Sympathiebringer ins Blickfeld mittelfristiger Überlegungen. Zahlreiche Gastspielreisen der DDR-Zirkusse ins ost- wie westeuropäische Ausland belegen das. Rein praktisch gesehen, bestand bei einem Privatzirkus während eines West-Gastspiels jedoch die Gefahr, daß er die Gelegenheit zum endgültigen Abschied von der DDR nutzte, während bei einem Staatsunternehmen sich allenfalls einzelne Artisten absetzen konnten. Vom theoretischen Standpunkt war es überdies kaum hinnehmbar, wenn der sozialistische Staat mit nach kapitalistischem Muster organisierten Privatzirkussen um Sympathie für sein System warb.

Die Integrationskraft des politischen Systems der DDR für private Schausteller und Zirkus-Betreiber war also recht gering, zu groß waren die Gegensätze. Zwar verzichtete die DDR-Führung, erklärtermaßen im Unterschied zu anderen sozialistischen Ländern, auf eine totale Assimilation aller privaten Zirkusse aus Rücksicht auf die innenpolitischen wie außenpolitischen, vor allem deutsch-deutschen Reaktionen. Die Verstaatlichung des Zirkuswesens wurde, einmal begonnen, konsequent fortgesetzt. Den Privatzirkussen blieb nur eine gesellschaftlich wie wirtschaftlich unbedeutende Nische ohne Entfaltungsmöglichkeiten.

Fokussiert man die behandelte Thematik wie in einem konkaven Spiegel auf ihre Kernaussage, so tritt deren Verweischarakter für die Wirtschafts- und Gesellschaftsgeschichte der DDR, der theoretischer Ausgangspunkt dieser Arbeit gewesen ist, im Brennpunkt des Spiegels offen zutage: Die konsequente Umorganisation des Zirkuswesens nach den Prämissen sozialistischer Planwirtschaft und Kulturpolitik ist gerade wegen der wirtschaftlichen und gesellschaftlichen Marginalität dieses Bereiches ein aussagekräftiger Beleg für den totalitären Herrschaftsanspruch von SED und Staatsführung. Für eine privat betriebene „Wunschwelt aus Exzentrik und präziser Leichtigkeit"[1] war in der DDR kein Platz.

Der Spiegel läßt sich im Rückblick aber auch gewissermaßen als konvexer Hohlspiegel benutzen. Dem Betrachter mit Abstand erscheinen dann im Weitwinkel die vielen Windungen nicht nur der DDR-Geschichte als ein einziger großer Zirkus.

Take a look around you
at the world you've come to know.
Does it seem to be much more
then a crazy circus show?[2]

---

[1] Bloch, Ernst, Das Prinzip Hoffnung, Werkausgabe Bd. 5, Frankfurt/Main 1985, S. 423.

[2] Entnommen aus: The war of the worlds, Titel „Brave new world", Musical nach dem Roman von H.G. Wells, CBS Records 1978.

VI. Anhang

1. Quellenverzeichnis

Bei den Gesetzen und Anordnungen (VI.1.a)) wurde aus Gründen der Benutzerfreundlichkeit einer chronologischen Auflistung gegenüber einer alphabetischen der Vorzug gegeben, wobei zum schnelleren Auffinden alle wesentlichen Gesetze und Verfügungen separat verzeichnet wurden.

Vor allem die größeren Zirkusse mit mehreren Geschäften gaben in jeder Saison zahlreiche Programmhefte heraus, aus denen i. d. R. nicht ersichtlich ist, in welchem Zeitraum sie verkauft wurden. Bei den im Quellenverzeichnis in Abschnitt VI.1.c) angeführten Programmheften wird daher ergänzend die Druckerlaubnisnummer angeführt. Damit ist zweifelsfrei bezeichnet, um welche Schrift es sich handelt. Auf die Angabe eines Erscheinungsortes und -datums wurde hingegen verzichtet, da diese nur in den seltensten Fällen noch eindeutig zu ermitteln sind.

Die Angaben zu den als Quellen verwandten Berichten in Zeitungen und Magazinen in Abschnitt VI.1.e) wurden zur besseren Orientierung um einen in Klammern gesetzten Hinweis erweitert, auf welches Zirkusunternehmen sie sich inhaltlich beziehen, es sei denn, dessen Name geht aus dem Titel hervor.

In einigen Fällen sind die bibliographischen Angaben zu Zeitungsberichten unvollständig. Diese Berichte stammen, wie in der Einleitung bereits gesagt, fast ausschließlich aus den Archiven privater oder semiprofessioneller Sammler, die sie nicht mit der üblichen Genauigkeit archiviert haben. Da aus den bezeichneten Quellen nahezu ausschließlich periphere Informationen zur äußerlichen Situation der jeweiligen Unternehmen und ihrem gesellschaftlichen Umfeld gewonnen wurden, hätte die Ermittlung des Mediums und des Erscheinungsdatums aufgrund der brüchigen Chronologie vieler Ost-Zeitungen einen unvertretbaren Mehraufwand bedeutet, der im Rahmen dieser Arbeit nur in inhaltlich relevanten Einzelfällen zu leisten war. Auf die Verwendung der entsprechenden Berichte sollte indes nicht verzichtet werden, da sie einerseits die großen Überlieferungslücken zumindest etwas zu füllen vermögen, und da sie zum anderen die Sachinformationen oftmals lebendig ergänzen. Wo immer möglich, wurde in diesen Fällen ersatzhalber das Archiv genannt, in dessen Beständen der entsprechende Artikel überliefert ist.

a) Gesetze und Anordnungen

Mitteilung Nr. 12, Zugelassene Privatunternehmen auf dem Gebiete des Zirkus und
  Varietés für die Sommersaison 1956, in: Verfügungen und Mitteilungen des
  Ministeriums für Kultur, Berlin Nr. 4, 1.4.1956, S. 3 f.

Mitteilung Nr. 13, Überprüfung der privaten Unternehmen auf dem Gebiet des
  Zirkus und Varietés, in: Verfügungen und Mitteilungen des Ministeriums für
  Kultur, Berlin Nr. 4, 1.4.1956, S. 4

Anordnung über die Programmgestaltung bei Unterhaltungs- und Tanzmusik (vom
  2.1.1958) in: Weise, Roland, Handbuch der Artistik und Kleinkunst der Deutschen Demokratischen Republik 1962, Pößneck 1962, S. 45 ff.

Anordnung über die Zulassung von privaten Zirkussen, Freiluftschauen, Reise-
  varieté-Bühnen, Reisekabaretts, Puppenbühnen, Varietémarionetten-Bühnen und
  Schattentheatern (vom 7.2.1958) in: Gesetzblatt Teil 1, Nr. 16 vom 8.3.1958,
  S. 214 ff.

Anordnung über die Ausstellung von Berufsausweisen für das Veranstaltungswesen
  vom 5.6.1958, in: Gesetzblatt Teil 1, Nr. 46 vom 28.6.1958, S. 525 ff.

Anordnung über die Errichtung des VEB Zentral-Zirkus (vom 22.12.1959), in:
  Weise, Roland, Handbuch der Artistik und Kleinkunst der Deutschen Demokratischen Republik 1962, Pößneck 1962, S. 36 ff.

Anweisung des Ministers für Kultur und des Rates der Stadt Leipzig zur Änderung
  der Zuordnung des VE Circus Aeros vom 6.10.1960, in: Verfügungen und Mitteilungen des Ministeriums für Kultur Nr. 9, Berlin 18.11.1960, S. 76

Anweisung über die künstlerische Betätigung von Kindern auf den Gebieten der
  darstellenden Kunst, des Films, der Musik und der Artistik in kulturellen Einrichtungen oder Betrieben vom 15.10.1962, in: Weise, Roland, Handbuch der
  Artistik 1966. Das Taschenbuch für das Veranstaltungswesen in der Deutschen
  Demokratischen Republik und im sozialistischen Ausland, Pößneck 1966, S. 64 f.

Anweisung über die verbesserte kulturelle Betreuung der ländlichen Gebiete und
  Kleinstädte der Deutschen Demokratischen Republik durch Zirkusgastspiele
  (vom 25.10.1963, in: Weise, Roland, Handbuch der Artistik 1966. Das Taschenbuch für das Veranstaltungswesen in der Deutschen Demokratischen Republik
  und im sozialistischen Ausland, Pößneck 1966, S. 63 f.

Anordnung Nr. 2 über die Errichtung des VEB Zentral-Zirkus vom 21.5.1965 [mit
  neuem Statut M. W.], in: Weise, Roland, Handbuch der Artistik 1966. Das
  Taschenbuch für das Veranstaltungswesen in der Deutschen Demokratischen Republik und im sozialistischen Ausland, Pößneck 1966, S. 58 ff.

b) Dokumente und Briefe

Aktennotiz der Staatlichen Kommission für Kunstangelegenheiten vom 3.3.1952,
  Kopie im Archiv Markschiess, Berlin

„Aufsicht über Treuhandverwaltungen Kreis Burg-Zerbst 1950–54" [Circus Busch], Landesarchiv Magdeburg, Landeshauptarchiv, Rep. M1 3T, RdB Magd. Nr. 1390

Circus Aeros, div. Korrespondenz 1952–1959, Stadtarchiv Leipzig, „Stadtverordnetenversammlung und Rat der Stadt Leipzig 1945–1970", 8314–8318

Circus Barlay, Vorgang der Magistratsverwaltung für Volksbildung Berlin 1945–51, LAB C Rep. 120, Nr. 1674

Circus Baruk, div. Korrespondenz 1951/52, BArch, DDR1 6051

Circus Busch, „Schreiben an die Betriebsleitungen, Betriebsgewerkschaftsleitungen, Schulleitungen sowie Lehrerinnen der Betriebs- und Gewerkschaftskindergärten", Berlin-Hoppegarten (Ost), Saison 1956, Archiv Hallmann, Waldkraiburg

Circus Busch, Auszugsweise Abschrift der Niederschriften der Ratssitzungen vom 13.12.1952, 20.12.1952 und 21.10.1953, Stadtarchiv Magdeburg, Rep. 18. 4 Ra. 22 und Rep. 18. 4 Ra 28

„Enteignungsangelegenheit Zirkus Aeros", Sächsisches Hauptstaatsarchiv, Dresden, LRS Mdl Nr. 4958

Fachkommission Artistik, Arbeitsprogramm, 29.8.1951, Barch, DDR1 6052

Landesleitung der SED Berlin, Beschluß zur Übernahme des Circus Barlay in städtische Verwaltung vom 25.10.1951, LAB C Rep.300 IV L-2/3/ Nr. 139, Bl. 167, 173, 248 f.

Magistrat von Groß-Berlin, Schreiben an stellv. Vors. der staatl. Plankommission vom 18.1.1958 bez. Unterstellung Circus Barlay beim MfK, Kopie Archiv Winkler

Milano, 2 Poesiealben mit Empfehlungsschreiben 1961–1969, im Archiv Mario Müller-Milano Dresden

Müller-Milano, Vilmos, Zulassung für Veranstaltungen des Landes Sachsen vom 24.2.1952, im Archiv Mario Müller-Milano, Dresden

Müller-Milano, Vilmos, Lizenz Nr. 19 Zirkus Milano des Ministeriums für Kultur vom 31.3.1971, im Archiv Mario Müller-Milano, Dresden

Probst, Monika, Briefe an Friedel Zscharschuch vom 7.10.1973, 11.1.1974, 28.4.1974, 31.8.1974, 6.12.1974, 9.2.1975, sowie Postkarten vom 24.9.1979 und 12.12.1982, Archiv Erstes Deutsches Circus-Museum, Preetz

Probst, Rudolf, Beschluß im Rehabilitationsverfahren des OLG Magdeburg vom 24.8.1994, Aktenzeichen 1 Ws Reh. 192/93

Probst, Rudolf, div. Korrespondenz 1972–1982, Archiv Probst, Staßfurt

Probst, Rudolf, Prozeßakten 1972–74, BStU Zentralarchiv, E-SKS 46702

Probst, Rudolf, Unterlagen der Staatssicherheit und IM-Berichte 1975–1988 (Auszüge), BStU Außenstelle Magdeburg, ZMA 1389

Steinmüller, Peter, Dresden, Briefe an Friedel Zscharschuch vom 30.1.1972 (Fragment, 1. Blatt fehlt, geschrieben nach dem 30.1.1972), 22.4.1972 und 18.10. 1979, Archiv Erstes Deutsches Circus-Museum, Preetz

c) *Programmhefte und Spielpläne*

Circus Aeros, Programmheft 1952, Druckerlaubnisnr. III/18/49 307396/52

Circus Barlay, Programmheft Dez. 1957, Druckerlaubnisnr. unbekannt

Circus Busch, Programmheft 1946, Druckerlaubnisnr. C 231 347 30 000

Circus Busch, Programmheft 1951, Druckerlaubnisnr. III/18/97 6T. 4.51

Circus Frankello, Programmheft 1952, Druckerlaubnisnr. III/26/23 10 1543/52

Circus Frankello, Programmheft 1954, Druckerlaubnisnr. 3-2-17 654 2 9581 5000

Circus Frankello, Tourneeplan 1954, Archiv Winkler, Berlin

Circus Frankello, Programmheft 1956, Druckerlaunissignatur II-2-6 H.

Rauchmann, Anklam E 229 56

Circus Hein, Programmheft 1953, Druckerlaubnissignatur I-2-6 H. Rauchmann, Anklam Eb454-53

Circus Hein, Programmheft 1958, Druckerlaubnisnr. V/5/56 Ig 902 58

Circus Hein, Programmheft 1960, Druckerlaubnisnr. V/8 66 Mn G 14/60

Circus Hein, Programmheft 1974, Druckerlaubnisnr. IV-14-66 191 NI 82//74

Circus Hein, Programmheft 1980, Druckerlaubnisnr. IV-1466 NI 38/80 5 3923 80

Circus Hein, Programmheft 1983, Druckerlaubnisnr. Hr 40/83

Circus Gebr. Hill, Programmheft 1952, Druckerlaubnisnr. III-2-17 852 2 5974 145 5000)

Circus Gebr. Hill, Spielfolge 1955, Archiv Winkler, Berlin

Circus Gebr. Hill, Tourneeplan 1956, Archiv Winkler, Berlin

Circus Milano, Programm 1952, Druckerlaubnisnr. III-25-12 B 717 10

Circus Milano, Programm 1955, Druckerlaubnisnr. III-2-26 15 432 Kb 3081/55

Circus Milano, Tourneeplan 1956, Archiv Winkler, Berlin

Circus Milano, Programm 1958, Druckerlaubnisnr. A 705/5 FI 648/58

Circus Milano, Programm 1971, Druckerlaubnisnr. III/25/18 Ir G 395 71

Circus Olympia, Programm 1955, Druckerlaubnisnr. IV/10/42(K) Pz 36/37/54 10 000

Circus Probst jr., Programm 1949, Druckerlaubnisnr. M 163 Z 2240

Zirkus Probst jun., Programm 1950, Druckerlaubnisnr. V/19/0-LM98 3 – [Rest unleserlich M. W.]

Circus Probst jun., Programm 1952, Druckerlaubnisnr. III/3/1 H 52 3 3303 246363/52

Circus Probst jun., Programm 1954, Druckerlaubnisnr. III-2-17 754 2 9699 15000 Kb 2062/54)

Circus Probst, Programm 1956, Druckerlaubnisnr. N/2/4 8c 994 56

Circus Probst, Tourneeplan 1956, Archiv Winkler, Berlin

Zirkus Probst, Programmheft 1986, Druckerlaubnisnr. IV-31-8 Np 68/86

Zirkus Probst, Programmheft 1989, Druckerlaubnisnr. IV-31-8 Np 102/89

d) *Fachzeitschrift „Artistik. Internationales Fachblatt
für Varité – Zirkus – Kabarett", Berlin (Ost)*

Bommer, Hans-Herbert, Circus Aeros. Vom mittleren Privatzirkus zum volkseigenen Großzirkus, Nr. 1/1960, S. 8 f.

Hall, Heinrich, Sie haben eine verantwortungsvolle Aufgabe. Kleinzirkusse auf Tournee, Nr. 10/1958, S. 5 f.

Hallmann, Klaus, Kein Winterschlaf bei unseren VE Zirkussen, Nr. 12/1957, S. 4 f.

Michel, Harry, Circus Barlay – vom Mittelzirkus zum VE-Großzirkus, Nr. 12/1959, S. 5 ff.

Netzker, Otto, Die Zirkuskunst und ihre Perspektive in der Deutschen Demokratischen Republik, Nr. 1/1960, S. 1 f.

Netzker, Otto, Ist's Neid, was sie erregt? (Interview), Nr. 10/1960, S. 9 f.

Netzker, Otto, Wo stehen wir, wohin gehen wir?, Nr. 7/1961, S. 3 f.

Neumann, Harry-Heinz, Artistenüberprüfung. Das Gebot der Stunde, Nr. 4/1955, S. 1 f.

Schacht, Alfred, Wir sind gewachsen! Die politische Arbeit des VEB Zentral-Zirkus, Nr. 11/1961, S. 13 f.

Söchtig-Oelschläger, K. und E., Sie werden daraus lernen müssen! Erfolg der Mittel- und Kleinzirkusse zurückgegangen, Nr. 11/1957, S. 5 f.

Söchtig-Oelschläger, Sind Zirkuslenkungen notwendig?, Nr. 3/1959, S. 6

Waterkant, Hannes, Gangster-Chef als Zirkusdirektor, 6/1955, S. 12

e) *Tageszeitungen und Magazine*

„August der Starke" immer hilfsbereit (Circus Frankello), Nacht-Expreß, Berlin 18.8.1950

Barlay geht auf Tournee, Die Welt, Hamburg, Ausg. Berlin 17.4.1950

Biermann, Brigitte, Im Osten war immer Zirkus (Zirkus Probst), Die Zeit, Hamburg 7.6.1996

Bommer, Hans-Herbert, Manegenzauber in rotem Licht, SBZ-Archiv, Nr. 16/1960, S. 242 ff.

Chefin unterm Chapiteau (Circus Hein), Neue Berliner Illustrierte (NBI), Berlin (Ost) Nr. 37/1979

Christl, Peter, Circus Milano, „Das Organ", Pirmasens Dezember 1967, S. 48

Circus Frankello wählte die Freiheit, Hannoversche Zeitung, Hannover 30.12.1957

Das kleinste Ehepaar der Welt (Circus Milano), Neue Zeit, Karl-Marx-Stadt (Chemnitz) September 1953

Das Kunststück der alten Prinzipalin (Circus Hein), Süddeutsche Zeitung, München 20.6.1986

Die Volkspolizei hat unseren Zirkus Barlay gerettet, Neues Deutschland, Berlin (Ost) 29.4.1953

Ein erfolgreiches Leben ging zu früh dahin (Circus Aeros), Das Organ der Varieté-welt, Düsseldorf 15.3.1952

Ein Leben in der Manege (Zirkus Probst), Neuer Weg, Halle 18.6.1982

Ein Zirkus flüchtete nach Hameln (Circus Frankello), Deister- und Weser-Zeitung (DEWEZET), Ausgabe Hameln 30.12.1957

Geflüchteter Zirkus will neu beginnen (Circus Gebr. Hill), Darmstädter Echo, 14.2.1959.

Gerichtsverhandlung gegen Zirkus Renz, Ostsee-Zeitung, Rostock 5.6.1952

Hagenau, Elke, (…)Oma Adelheid (82), Volksstimme am Sonntag, Magdeburg 30.5.1993

Jäger-Aeros, Babette, Gegendarstellung zu Winkler, Gisela, Wie war das damals mit dem volkseigenen Circus (Circus Zeitung Nr. 11/93), in: Circus Zeitung, Dormagen Nr. 2 1994

Kaufholz, Bernd, „Das ist wie eine dritte Enteignung" (Zirkus Probst), Volks-stimme, Magdeburg 22.6.1996

Manegenzauber auf dem Alex (Circus Frankello), Berlin verm. 8/1950, Archiv Winkler

Menschen, Tiere, Traditionen (Circus Probst), Neue Berliner Illustrierte (NBI), Berlin (Ost) Nr.17/88, S. 12 ff.

Milanos „Korkenzieher" war echt (Circus Milano), Sächsische Zeitung, Dresden 8.7.1988

Montag, Andreas, (Titel unbekannt/Circus Hein), Mitteldeutsche Zeitung, Halle 28.12.1992

OG, Urt. Vom 15. Mai 1969 2. Zst 7/69 (Circus Sarani), Neue Justiz, Nr. 17/69, 1. Septemberheft

Peters, Horst, Artist verschwunden (Circus Aeros), Bild-Zeitung (Ersch.tag unbe-kannt)

Probe um Mitternacht (Circus Frankello), Freie Presse, Zwickau 24.1.1953

Rote Manege ohne Tiere (Circus Aeros), Münchener Merkur, 26.8.1960

Rund um den roten Ring der Manege (Circus Aeros), Volksstimme Haldensleben, 26.8.1953

Stadtsowjet will Staatszirkus (Circus Barlay), Der Abend, Berlin 28.4.1950

Thierfelde, Hanna, Allez – hopp (Circus Milano), Neue Zschopauer Zeitung, 6.7. 1963

Um Millionen DM betrogen (Circus Busch), Nationalzeitung, 1.7.1952

Volkseigenes Debakel bei Barlay, 17.7.1950 (Publikation und Ersch.-Ort unbekannt)

Volkspolizei verhinderte bewaffneten Raubüberfall auf den Zirkus Barlay, Neues Deutschland, Berlin (Ost) 28.4.1953

Was zeigt Zirkus Busch am Alex, Berliner Zeitung, 8.7.1959

Wernicke, Ulrich, „Er hob drei Zentner mit einem Finger" (Circus Milano), Die Union, Dresden 8.7.1978

Westberliner Bürger protestierten vor der Schöneberger Verbrecherzentrale (Circus Barlay), Neues Deutschland, Berlin (Ost) 30.4.1953

Winkler, Dietmar, Tante Adelheid hält das Unternehmen in Schwung (Circus Hein), Deutsche Bauern-Zeitung, ? Nr. 3/1982

Winkler, Gisela, Wie war das damals mit dem volkseigenen Circus? Ein Gespräch mit Otto Netzker, in: Circus Zeitung, Dormagen Nr. 11/93

Zirkus-Leitung in Leipzig verhaftet (Circus Aeros), Bild-Zeitung o.J.

Zirkuszelt in Potsdam eingestürzt (Zirkus Probst), Neue Zeit, Berlin 5.7.1958

f) Broschüren

Bommer, Hans-Herbert, Ich reiste mit dem „volkseigenen" Zirkus, Berlin (West) 1961

Günther, Ernst/Winkler, Dietmar, Materialien zur Erbrezeption und Erbpflege im Staatszirkus der DDR, Berlin (Ost) 1989

Winkler, Dietmar, 25 Jahre Staatszirkus der DDR. Saison 1985, Berlin (Ost) 1985

Winkler, Dietmar, Presse-Information. 25 Jahre Staatszirkus der DDR, Berlin (Ost) 1984

Winkler, Dietmar, Zur Geschichte der artistischen Reiseunternehmen seit 1945 auf dem Gebiet der DDR, (Manuskript) Berlin 1971

2. Literaturverzeichnis

a) Bibliographien

Brabec, Jan/Markschiess-van Trix, Julius, Artistik. Auswahl-Bibliographie, Berlin (Ost) 1968.

Neubarth, Claudia/Winkler, Gisela/Winkler, Dietmar, Zirkus-Bibliographie. Deutschsprachige Zirkusliteratur von 1968–1998, Landesarbeitsgemeinschaft Spiel und Theater Berlin e.V., Berlin 1998.

b) Sekundärliteratur

Aeros, Cliff, Vom Tischlerlehrling zum Circusdirektor, Berlin 1950.

Althoff, Franz/*Behle,* Peter/*Göke,* Hugo, So'n Circus. Franz Althoff erzählt, Freiburg i. Brsg. 1982.

Bloch, Ernst, Das Prinzip Hoffnung: in fünf Teilen., Werkausgabe Bd. 5, Frankfurt/Main 1985.

Böhm, Norbert, Sprung in die Manege. Die Geschichte des Circus Aeros, Manege – Eine Schriftenreihe für Circusfreunde Nr. 1, Preetz (Holstein) 1963.

Bose, Günter/*Brinkmann,* Friedrich, Circus. Geschichte und Ästhetik einer niederen Kunst, Berlin 1978.

Bundeszentrale für politische Bildung (Hrsg.), Die DDR, Informationen zur politischen Bildung Nr. 205, Bonn Neudruck 1988.

– (Hrsg), Geschichte der DDR, Informationen zur politischen Bildung Nr. 231, Bonn 1991.

– (Hrsg.), Deutschland in den fünfziger Jahren, Informationen zur politischen Bildung Nr. 256, Bonn 1997.

Burke, Peter, Helden, Schurken und Narren. Europäische Volkskultur in der frühen Neuzeit, Stuttgart 1981.

Croft-Cooke, Rupert/*Cotes,* Peter, Die Welt des Circus, Zürich 1977.

Dathe, Heinrich, Erlebnisse mit Zootieren, Wittenberg 1974.

Glaser, Hermann, Deutsche Kultur. Ein historischer Überblick von 1945 bis zur Gegenwart, Bonn 1997.

Groth, Joachim-Rüdiger/*Groth,* Karin, Materialien zu Literatur im Widerspruch. Gedichte und Prosa aus 40 Jahren DDR. Kulturpolitischer Überblick und Interpretationen, Köln 1993.

Günther, Ernst/*Winkler,* Dietmar, Zirkusgeschichte. Ein Abriß der Geschichte des deutschen Zirkus, Berlin (Ost) 1986.

Hantke, Claus, Zum Gedenken an Adelheid Hein, in: Circus Hein Programmheft 1996.

Heider, Magdalena, Politik – Kultur – Kulturbund. Zur Gründungs- und Frühgeschichte des Kulturbundes zur demokratischen Erneuerung Deutschlands 1945–1954 in der SBZ/DDR, Köln 1993.

Jäger, Manfred, Kultur und Politik in der DDR. Ein historischer Abriß, Köln 1994.

Kleßmann, Christoph, Die doppelte Staatsgründung. Deutsche Geschichte 1945–1955, Bonn 1991.

– Zwei Staaten, eine Nation: Deutsche Geschichte 1955–1970, Bonn 1997.

Kohlhaas, Wolfgang/*Kubisch,* Hans, Alarm im Zirkus, Berlin (Ost) 1954.

Kürschner, Klaus-Dieter, Der Circuskönig im Nachkriegs-Berlin: Über den Circus Harry Barlay in seiner Berliner Zeit, Circus Zeitung, Dormagen Nr. 1–10/1997, je S. 21/22 bzw. 25/26.

Kusnezow, Jewgeni, Der Zirkus der Welt, Berlin (Ost) 1970.

Mählert, Ulrich, Kleine Geschichte der DDR, München 1998.

Markschiess-van Trix, Julius, Spurensuche im „anderen" Deutschland, in: Circus Zeitung, Dormagen Nr. 8/93, S. 25.

Markschiess-van Trix, J./*Novak,* Bernhard, Artisten- und Zirkusplakate. Ein internationaler historischer Überblick, Leipzig 1975.

Netzker, Otto, Der volkseigene Zirkus der Deutschen Demokratischen Republik, in: Helga Bemmann (Red.), Die Artisten. Ihre Arbeit und ihre Kunst, Berlin (Ost) 1965, S. 219–232.

Neubert, Ehrhart, Politische Verbrechen in der DDR, in: Courtois/Werth/Panné/Paczkowski/Bartosek/Margolin, Das Schwarzbuch des Kommunismus, München 1998, S. 829 ff.

– Geschichte der Opposition in der DDR 1949–1989, Bonn 1997.

Niekisch, Ernst, Erinnerungen eines deutschen Revolutionärs, Bd. 2: Gegen den Strom 1945–1967, Köln 1974.

Rexin, Manfred, Die Deutsche Demokratische Republik. Von Ulbricht bis Honecker, München.

Schami, Rafik, Der ehrliche Lügner, Roman, München 1996.

Schmitt, W. Christian/*Degener,* V. W., Zirkus. Geschichte und Geschichten, München 1991.

Staritz, Dietrich, Abweichler, Verräter, Staatsfeinde. Opposition in der DDR 1945–1990, München 1991.

– Die Gründung der DDR. Von der sowjetischen Besatzungsherrschaft zum sozialistischen Staat, 3. Erw. Auflage München 1995.

– Geschichte der DDR 1949–1985, Erw. Neuausgabe, Frankfurt/Main 1996.

Stosch-Sarrasani, Hans, Durch die Welt im Zirkuszelt, Berlin 1940.

Weber, Hermann, Die DDR 1945–1990, Grundriß der Geschichte Bd. 20, 2. Überarbeitete Auflage München 1993.

Winkler, Dietmar, Familienzirkusse in der DDR, in: Günther, Ernst/Lange, Wolfgang/Rösler, Walter, Rock, Pop, Schlager, Revue, Zirkus, Kabarett, Magie – ein Almanach, Kassette 11, Berlin Ost 1988, S. 161 ff.

Winkler, Gisela/*Winkler,* Dietmar, Allez hopp durch die Welt. Aus dem Leben berühmter Artisten, Gekürzte Ausg., Berlin (Ost) 1980.

Winkler, Gisela/*Winkler,* Dietmar, Die große Raubtierschau, Gekürzte Ausg., Berlin (Ost) 1981.

Zapff, Gerhard, Jumbo auf dem Drahtseil. Elefantendressuren von gestern und heute, Berlin (Ost) 1987.

3. Bildnachweis

Privatarchiv Frank/Frankello 86, 88
Circus Aeros, Werbepostkarte 73
Heidersberger (Pressefoto) 62
Peter Müller, Oldenburg 77, 102, 119
Archiv „Erstes Deutsches Circus-Museum", Preetz 104
Privatarchiv Müller-Milano, Dresden 108, 110, 111, 113
Manfred Pippig, Grimma 89
Klaus Schulze, Gotha 64, 71, 72, 74, 76, 96, 97, 98, 99, 116, 117, 118

VII. Namenverzeichnis

Abusch 24, 27, 44
Ackerman 21
Aeros, Babette 70, 75
Aeros, Circus 18, 41–42, 47, 51, 53, 68, 95
Aeros, Cliff 37, 69
Alberti, Circus 28
Atlantik, Circus 28

Babubke 79
Barlay, Circus 18, 33, 42, 47, 51–52, 60, 83, 91
Barlay, Harry 37, 58, 60
Baruk, Circus 18, 42, 79
Becher 21, 24, 46
Belli, Circus 52, 70
Bersarin 20
Blumenfeld, Circus 33
Bommer 41, 74
Bork 38–39, 43, 62
Brecht 23
Brumbach 60
Busch, Circus 18
Busch, Jakob 65
Busch, Jakob, Circus 42, 51, 63
Busch, Paula, Circus 33

Forest 47
Frank, Georg 85
Frank, Karli 91
Frank, Walter 27
Frankello, Circus 13, 18, 32, 85

Gnidley, Circus 33
Grotewohl 22
Gründgens 20

Günther, Ernst 16, 52, 66

Hagenbeck, Willy, Circus 89
Hallmann 33, 55, 92
Harich 26
Hein, Circus 18, 29, 35, 106, 115
Hennig 39
Hill, Circus 43, 88
Hochmuth 114

Jäger 69

Kilian 68
Krone, Circus 92
Künzler 100
Kürschner 16
Kusmenkow 39

Langenfeld 41, 53, 56, 72
Luxur, Circus 26

Michel 56, 77
Milano, Circus 18, 28, 36, 106
Milano-Müller 46, 48
Moschek 41, 69

Netzker 9, 15, 42, 49–50, 55, 57, 101, 105, 114
Neubert 10
Neumann 41

Olympia, Circus 58

Pieck 25
Probst, Circus 18, 26, 93
Probst, Max 93
Probst, Monika 95

Probst, Rudolf 9, 28, 34, 49, 93, 107
Proscho, Circus 26, 28, 37, 93

Rebbernik, Circus 99
Renz-Nock, Circus 26, 42–43, 88
Requadt 65
Roselli, Circus 37

Sarani, Circus 28
Schäfer 56, 66
Schickler, Circus 81
Schirdewan 26
Sperlich, Oskar 116
Sperlich, Waldemar 115
Stalin 21, 25
Staritz 25–26
Starke 97

Steinmüller 114–115

Timmerberg 84
Turra 114

Ulbricht 21, 27
Ullmann 66

van der Heydt 65, 78

Weber 97
Winkler, Dietmar 14, 16, 23, 52, 66, 115

Zentralzirkus 14–15, 24, 56, 99
Zscharschuch 14

Werner Rossade

Gesellschaft und Kultur in der Endzeit des Realsozialismus

Beiträge zur Politischen Wissenschaft, Band 98
Tab., Abb.; 12 Bildtafeln, 635 S. 1997 ⟨3-428-09013-6⟩
DM 136,– / sFr 117,– / ab 01. 01. 2002 € 68,–

Der Autor untersucht den sogenannten real existierenden Sozialismus zum erstenmal als Komplex von soziokulturellen Mustern (Praxisformen): von Lebensweise und Lebensstilen, Leistungsmustern und politischer Kultur, hauptsächlich anhand von Materialien aus der DDR und der UdSSR. Ethnosoziologischer Ansatz und weit gefaßter Kulturbegriff öffnen den Blick für die reale Beschaffenheit dieses Gesellschaftstypus in seiner zunehmenden Erstarrung und Stagnation. Der Verfasser zeigt ihn als Niedergangs- und Auflösungsstadium des sowjetisch geprägten Frühsozialismus nach dem Entwicklungsbruch Mitte der fünfziger Jahre. In diesem Stadium verlor das System mehr und mehr seine innovativen Potenzen. Dafür suchte es nach Ersatz im westlichen Konkurrenz- und Partnersystem, zu dem es sich immer noch als Alternative darstellte. Der Realsozialismus wollte sich aus dem westlichen Kapitalismus ebenso wie aus überholten Praktiken und Traditionen der Vergangenheit regenerieren, zu seiner Legitimation aber gleichzeitig von alldem abgrenzen. An solcher Unvereinbarkeit ist er letztlich zerbrochen.

Diesen Vorgang analysiert der Verfasser in den verschiedenen relevanten Politikbereichen wie auch in der Alltagskultur und im geistigen Leben der realsozialistischen Gesellschaft. Material- und ideenreich relativiert Rossade manche verfestigte Vorstellung und regt zu weiterer Forschung aus der Sicht von Demokratie und der Frage nach authentischem Sozialismus an. Die weitgehende Untergliederung und ein ausführliches Register erleichtern den Zugang zu den enthaltenen Informationen und Denkanstößen.

Duncker & Humblot · Berlin

Vom sozialistischen Realismus zur Kunst im Sozialismus

Die Rezeption der Moderne in Kunst und Kunstwissenschaft der DDR

Von

Ulrike Goeschen

Zeitgeschichtliche Forschungen, Band 8

445 S. 2001 ⟨3-428-10089-1⟩ DM 68,– / sFr 60,– / ab 01. 01. 2002 € 34,–

Ulrike Goeschen sieht in der Auseinandersetzung mit der modernen Kunst der 10er und 20er Jahre ein zentrales Paradigma für die Entwicklung der Kunst in der DDR. Die Autorin entfaltet ihre These, indem sie das Wechselverhältnis zwischen Künstlern, die an die deutsche Tradition einer engagierten Kunst anknüpften, Kunstwissenschaftlern, die durch die Aufarbeitung derselben deren Bestrebungen legitimierten, und Kulturpolitikern, die zunehmend an einer Integration von abweichender Kunst und Künstlern interessiert waren, untersucht. Diese gemeinsamen Anstrengungen innerhalb des restriktiven ideologischen und gesellschaftlichen Rahmens führten zur Herausbildung bestimmter Terminologien, mit denen sukzessive kritische, expressive, konstruktivistische und schließlich abstrakte Kunst gerechtfertigt werden konnte, was wiederum zunehmende künstlerische Freiheiten zur Folge hatte.

Die Autorin bietet darüber hinaus auch einen Erklärungsansatz für die Erosion der sozialistischen Gesellschaft von innen heraus.

Internet: http://www.duncker-humblot.de

Duncker & Humblot · Berlin